A Revolução da IA no Marketing Digital

Como a Inteligência Artificial Está Redefinindo o Cenário do Marketing

Introdução:

Nos últimos anos, a Inteligência Artificial (IA) emergiu como uma das forças mais transformadoras no mundo dos negócios, especialmente no marketing digital. O que antes era considerado ficção científica agora é uma realidade que está moldando a forma como as empresas se conectam com seus clientes, criam campanhas e medem o sucesso de suas estratégias. A IA está permitindo um nível de personalização, eficiência e precisão que simplesmente não era possível antes.

O marketing digital, uma área que já era dinâmica e em constante evolução, tem sido particularmente impactado pela IA. Ferramentas de IA agora permitem que as empresas analisem vastas quantidades de dados, identifiquem padrões complexos e prevejam tendências de comportamento do consumidor com

1

uma precisão nunca antes vista. Essas capacidades estão permitindo que as empresas não apenas alcancem seus públicos-alvo de maneira mais eficaz, mas também otimizem cada aspecto de suas campanhas, desde a criação de conteúdo até a segmentação de anúncios e a análise de resultados.

Essa revolução tecnológica está democratizando o acesso a estratégias de marketing avançadas. Pequenas e médias empresas, que antes não tinham os recursos para competir com grandes corporações, agora podem utilizar ferramentas de IA para nivelar o campo de jogo. Com a IA, é possível criar campanhas altamente personalizadas e dirigidas, melhorar o engajamento do cliente e maximizar o retorno sobre o investimento, independentemente do tamanho da empresa.

No entanto, a integração da IA no marketing digital não é isenta de desafios. Questões éticas, como a privacidade dos dados e a transparência nos algoritmos, estão ganhando destaque. Além disso, a velocidade com que a tecnologia está evoluindo exige que os profissionais de marketing estejam em constante aprendizado para acompanhar as mudanças.

Este livro é dedicado a explorar como a IA está revolucionando o marketing digital. Ao longo dos capítulos, vamos examinar as principais ferramentas e técnicas de IA que estão sendo usadas para otimizar campanhas, melhorar o SEO, personalizar o marketing de conteúdo e muito mais. Também abordaremos os desafios e oportunidades que surgem com a adoção dessa tecnologia, oferecendo insights práticos para que você possa aplicar essas inovações em sua própria estratégia de marketing.

Prepare-se para descobrir como a Inteligência Artificial pode transformar a maneira como você faz marketing, proporcionando resultados mais eficientes, impactantes e sustentáveis. Bem-vindo à nova era do marketing digital, impulsionada pela IA.

Sumário

4

5

6

1.1 O que é Inteligência Artificial?

A Inteligência Artificial (IA) é uma área da ciência da computação que se concentra na criação de sistemas capazes de realizar tarefas que, quando executadas por humanos, requerem inteligência. Isso inclui habilidades como raciocínio, aprendizado, percepção, reconhecimento de padrões, resolução de problemas, e tomada de decisões. A IA busca desenvolver máquinas que possam pensar e agir de maneira semelhante aos seres humanos, ou, em alguns casos, até superá-los em tarefas específicas.

História e Evolução A ideia de máquinas inteligentes não é nova. Desde a antiguidade, pensadores e inventores sonharam com autômatos que poderiam imitar o comportamento humano. No entanto, foi apenas na década de 1950 que a IA começou a ganhar forma como um campo formal de estudo, com a criação do primeiro programa de IA, que simulava o raciocínio humano em jogos de xadrez.

Subcampos da Inteligência Artificial A IA é um campo vasto, que inclui várias subdisciplinas, cada uma focada em aspectos diferentes da inteligência:

- **Aprendizado de Máquina (Machine Learning)**: Uma das áreas mais proeminentes da IA, onde os sistemas são treinados para aprender com dados e melhorar suas habilidades ao longo do tempo sem serem explicitamente programados para cada tarefa. Algoritmos de aprendizado de máquina permitem que as máquinas identifiquem padrões e façam previsões baseadas em grandes volumes de dados.

- **Processamento de Linguagem Natural (NLP)**: Essa subdisciplina envolve a criação de sistemas que possam entender, interpretar e responder à linguagem humana de maneira natural. Exemplos incluem assistentes virtuais como Siri e Alexa, que utilizam NLP para interagir com os usuários.

- **Visão Computacional**: Focada em ensinar as máquinas a "ver" e interpretar o mundo visual. Isso envolve o reconhecimento de imagens e vídeos, a identificação de objetos, e até mesmo a análise de cenas complexas.

- **Sistemas Especialistas**: Programas que simulam o julgamento e o comportamento de um especialista em um determinado domínio, como diagnóstico médico ou consultoria jurídica. Eles são projetados para fornecer conselhos e tomar decisões com base em um conjunto de regras predefinidas.

IA na Prática Hoje, a IA é uma parte integral de muitas aplicações cotidianas, desde motores de busca na internet até sistemas de recomendação em plataformas de streaming e redes sociais. Empresas em todo o mundo estão adotando a IA para automatizar processos, otimizar operações e melhorar a experiência do cliente.

No marketing digital, por exemplo, a IA está sendo usada para personalizar campanhas publicitárias, otimizar estratégias de SEO, analisar grandes volumes de dados e prever o comportamento do consumidor. A capacidade da IA de lidar com tarefas complexas e processar grandes quantidades de informação rapidamente a torna uma ferramenta poderosa para empresas que buscam se destacar em um mercado competitivo.

Desafios e Considerações Éticas Apesar dos muitos avanços, a IA também apresenta desafios significativos, especialmente em relação à ética e à privacidade. Como as máquinas se tornam mais inteligentes, questões sobre o controle, a transparência dos algoritmos e o impacto da IA na sociedade precisam ser cuidadosamente consideradas.

A Inteligência Artificial é uma tecnologia em constante evolução que promete continuar moldando o futuro dos negócios, da ciência, e da vida cotidiana. No contexto do marketing digital, a IA oferece possibilidades ilimitadas para inovação e eficiência, e entender seus fundamentos é o primeiro passo para aproveitar todo o seu potencial.

1.2 A Evolução do Marketing Digital

O marketing digital, que hoje é essencial para qualquer estratégia de negócios, passou por uma transformação

11

significativa desde suas origens até o que conhecemos hoje. Essa evolução reflete mudanças tecnológicas, comportamentais e sociais, que moldaram como as empresas se comunicam com seus públicos-alvo e como os consumidores interagem com marcas e produtos.

As Primeiras Fases: O Início da Internet e o Marketing Digital

O marketing digital começou a ganhar força nos anos 1990 com o advento da internet. Nesta fase inicial, o foco estava em sites estáticos, onde as empresas simplesmente replicavam seus materiais de marketing tradicionais online. Os sites eram meramente informativos, e a interação com o cliente era limitada.

Com o tempo, as empresas começaram a perceber o potencial da internet como um canal para atingir um público global de forma mais eficiente. As primeiras estratégias de marketing digital incluíam banners publicitários e e-mail marketing, que foram pioneiros em criar novas formas de publicidade online. O Google, fundado em 1998, introduziu um novo conceito com seu sistema de links patrocinados (Google AdWords, agora

12

Google Ads), que permitiu que as empresas direcionassem anúncios com base em palavras-chave de pesquisa.

A Revolução das Redes Sociais

Nos anos 2000, a introdução de redes sociais como Facebook (2004), YouTube (2005) e Twitter (2006) trouxe uma nova dimensão ao marketing digital. Essas plataformas permitiram um novo nível de interatividade entre empresas e consumidores. As marcas começaram a criar perfis e páginas, utilizando essas redes para compartilhar conteúdo, promover produtos e engajar com os clientes de maneira mais direta e personalizada.

A partir deste ponto, o marketing digital não era mais apenas sobre anunciar produtos; tratava-se de construir relacionamentos e comunidades ao redor de uma marca. As empresas começaram a investir em estratégias de conteúdo, desenvolvendo blogs, vídeos e campanhas virais que podiam ser compartilhadas e comentadas, ampliando o alcance de suas mensagens.

O Advento dos Dispositivos Móveis

A partir de 2007, com o lançamento do primeiro iPhone, a utilização de dispositivos móveis começou a crescer exponencialmente. Essa mudança trouxe novos desafios e oportunidades para o marketing digital, pois as empresas precisavam adaptar suas estratégias para atingir consumidores que estavam cada vez mais conectados via smartphones e tablets.

A ascensão do mobile marketing incluiu a otimização de sites para dispositivos móveis, o desenvolvimento de aplicativos, e a utilização de notificações push para engajar os usuários em tempo real. O mobile se tornou uma plataforma central para a experiência digital, com consumidores passando mais tempo em seus dispositivos móveis do que em desktops.

Big Data, Analytics e Personalização

Com o aumento da quantidade de dados gerados pelas interações online, o marketing digital entrou em uma nova era impulsionada por Big Data e análise de dados. As empresas começaram a coletar e analisar grandes volumes de dados para entender melhor seus clientes, prever comportamentos e personalizar ofertas e comunicações.

A análise de dados permitiu o surgimento de estratégias de marketing mais precisas e orientadas por resultados.

14

Ferramentas de automação de marketing começaram a utilizar esses dados para segmentar campanhas, personalizar mensagens e melhorar a eficiência do marketing digital.

A Era da Inteligência Artificial e Automação

Hoje, a Inteligência Artificial (IA) está transformando novamente o marketing digital, levando a personalização e a automação a novos patamares. Ferramentas de IA podem analisar vastas quantidades de dados em tempo real, permitindo que as empresas criem experiências altamente personalizadas para seus clientes. Algoritmos de machine learning são usados para prever comportamentos do consumidor, otimizar campanhas de publicidade, e até mesmo criar conteúdo automaticamente.

Além disso, a automação de marketing, impulsionada pela IA, permite que as empresas gerenciem campanhas complexas de forma mais eficiente, desde o e-mail marketing até a gestão de redes sociais. Bots e assistentes virtuais, que utilizam IA, estão sendo amplamente adotados para melhorar o atendimento ao cliente e o engajamento em tempo real.

15

A evolução do marketing digital é uma história de adaptação e inovação contínua. De simples páginas na web, o marketing digital evoluiu para um complexo ecossistema que envolve a interação em múltiplos canais, a personalização em massa e a automação inteligente. Com o avanço da IA e das tecnologias emergentes, o marketing digital continuará a se transformar, oferecendo novas maneiras de conectar marcas e consumidores em um mundo cada vez mais digital.

1.3 Como a IA Está Transformando o Marketing

A Inteligência Artificial (IA) está transformando o marketing de diversas maneiras significativas. Aqui estão algumas das principais formas:

1. **Personalização Avançada:** A IA permite personalizar campanhas de marketing de forma mais eficaz, analisando dados de comportamento e preferências dos consumidores para oferecer recomendações e ofertas adaptadas às necessidades individuais.

2. **Automação de Processos:** Ferramentas de IA podem automatizar tarefas repetitivas, como a segmentação de mercado, o envio de e-mails e a gestão de campanhas publicitárias, aumentando a eficiência e reduzindo erros humanos.

3. **Análise de Dados e Previsões:** Algoritmos de IA analisam grandes volumes de dados para identificar tendências, prever comportamentos futuros dos consumidores e otimizar estratégias de marketing com base em insights detalhados.

4. **Chatbots e Atendimento ao Cliente:** Chatbots baseados em IA oferecem atendimento ao cliente em tempo real, respondendo perguntas frequentes, resolvendo problemas e melhorando a experiência do usuário.

5. **Criação de Conteúdo:** A IA pode gerar conteúdo automaticamente, desde descrições de produtos até posts em redes sociais, ajudando a manter a consistência e a relevância do conteúdo.

6. **Otimização de Mídia Paga:** Algoritmos de IA ajudam a otimizar campanhas de mídia paga, ajustando lances e

17

alocando orçamento de forma mais eficiente para maximizar o retorno sobre o investimento (ROI).

7. **Análise de Sentimento:** Ferramentas de IA analisam o sentimento nas redes sociais e outras plataformas para entender como os consumidores percebem uma marca ou produto, permitindo ajustes rápidos nas estratégias de marketing.

8. **Reconhecimento de Imagem e Vídeo:** A IA pode identificar e analisar imagens e vídeos para entender melhor o conteúdo visual e como ele está sendo recebido pelo público, ajustando as campanhas de acordo com essas análises.

Essas transformações estão tornando o marketing mais eficaz, dinâmico e adaptável, ajudando as empresas a se conectar com seus públicos-alvo de maneira mais precisa e impactante.

1.4 Benefícios da Integração de IA no Marketing

A integração da Inteligência Artificial (IA) no marketing traz vários benefícios importantes para as empresas. Aqui estão alguns dos principais:

1. **Eficiência Operacional:** A automação de tarefas rotineiras e processos de marketing reduz a carga de trabalho manual e os erros humanos, permitindo que as equipes se concentrem em atividades estratégicas.

2. **Personalização Aprimorada:** A IA possibilita a criação de campanhas altamente personalizadas com base em dados detalhados sobre o comportamento e as preferências dos consumidores, o que melhora a relevância das ofertas e aumenta as taxas de conversão.

3. **Análise de Dados em Tempo Real:** Ferramentas de IA podem analisar grandes volumes de dados em tempo real, fornecendo insights rápidos e precisos sobre o desempenho das campanhas e o comportamento do consumidor.

4. **Otimização de ROI:** Com a capacidade de ajustar lances e alocar orçamentos de forma mais eficiente, a IA ajuda a maximizar o retorno sobre o investimento em

campanhas publicitárias e outras iniciativas de marketing.

5. **Melhoria da Experiência do Cliente:** Chatbots e assistentes virtuais proporcionam um atendimento ao cliente mais rápido e eficiente, resolvendo questões e fornecendo informações a qualquer momento, o que melhora a experiência geral do cliente.

6. **Criação de Conteúdo Eficiente:** A IA pode gerar e sugerir conteúdo relevante e atraente com base em tendências e análises, facilitando a produção de materiais de marketing consistentes e de alta qualidade.

7. **Segmentação Avançada:** A IA permite uma segmentação de mercado mais precisa, identificando nichos específicos e criando campanhas direcionadas que atingem o público certo com a mensagem certa.

8. **Previsão de Tendências:** Algoritmos de IA ajudam a prever tendências de mercado e comportamentos futuros, permitindo que as empresas se antecipem às mudanças e ajustem suas estratégias de marketing proativamente.

20

9. **Redução de Custos:** A automação e a análise avançada ajudam a reduzir custos operacionais e a melhorar a alocação de recursos, tornando as campanhas de marketing mais econômicas e eficazes.

10. **Aumento da Agilidade:** Com a capacidade de ajustar rapidamente campanhas e estratégias com base em dados em tempo real, a IA permite que as empresas sejam mais ágeis e adaptáveis às mudanças do mercado.

Esses benefícios fazem da IA uma ferramenta poderosa para otimizar e transformar as estratégias de marketing, ajudando as empresas a alcançar melhores resultados e a se destacar em um mercado competitivo.

Capítulo 1: Otimizando Campanhas de Marketing com IA

1.1 Automação de Campanhas Publicitárias

A automação de campanhas publicitárias através da inteligência artificial (IA) representa uma revolução no marketing digital, proporcionando eficiência, precisão e resultados otimizados. Este capítulo explora as diversas facetas da automação de campanhas publicitárias e como a IA está transformando esse cenário.

1.1.1 Plataformas de IA para Automação de Anúncios

As plataformas de IA para automação de anúncios são ferramentas essenciais que permitem às empresas automatizar processos de marketing, desde a criação e segmentação até a análise e otimização de campanhas. A seguir, destacamos algumas das principais plataformas e suas funcionalidades.

1. Google Ads com IA

O Google Ads utiliza algoritmos de IA para automatizar vários aspectos das campanhas publicitárias. Isso inclui a segmentação de público, lances automáticos e criação de anúncios dinâmicos. Com a IA, o Google Ads pode prever quais lances resultarão em cliques ou

22

conversões, ajustando automaticamente os lances para maximizar o retorno sobre o investimento (ROI).

- **Lances Automáticos**: A IA analisa o comportamento do usuário e ajusta os lances em tempo real para alcançar os melhores resultados.

- **Anúncios Dinâmicos**: A ferramenta cria anúncios personalizados com base no conteúdo do site e nas pesquisas dos usuários.

- **Segmentação de Público**: Utilizando dados de navegação e comportamento, a plataforma segmenta os anúncios para públicos específicos.

2. Facebook Ads Manager

O Facebook Ads Manager incorpora IA para melhorar a eficácia das campanhas publicitárias na plataforma. A IA é utilizada para otimizar a entrega dos anúncios, segmentar audiências com maior precisão e fornecer insights detalhados sobre o desempenho das campanhas.

- **Otimização de Entrega**: A IA otimiza a entrega dos anúncios para pessoas com maior probabilidade de realizar a ação desejada, seja um clique, uma visualização ou uma compra.

23

- **Segmentação Avançada**: A plataforma utiliza IA para identificar e segmentar audiências com base em comportamentos, interesses e dados demográficos.

- **Análise de Desempenho**: A IA fornece análises detalhadas que ajudam os anunciantes a entenderem quais anúncios estão performando melhor e por quê.

3. HubSpot

O HubSpot oferece uma plataforma de automação de marketing alimentada por IA que ajuda as empresas a gerenciar suas campanhas publicitárias de forma mais eficaz. As funcionalidades de IA do HubSpot incluem a criação de conteúdo, segmentação de público e análise de desempenho.

- **Criação de Conteúdo**: A IA sugere conteúdos e títulos com base nas tendências e preferências do público-alvo.

- **Segmentação e Personalização**: A plataforma utiliza IA para segmentar o público e personalizar as mensagens de marketing para aumentar o engajamento.

- **Análise e Relatórios**: A IA analisa os dados das campanhas e fornece relatórios detalhados sobre o desempenho, ajudando a identificar áreas de melhoria.

4. AdRoll

AdRoll é uma plataforma de marketing digital que utiliza IA para ajudar empresas a criar, lançar e otimizar campanhas publicitárias multicanal. A plataforma oferece ferramentas para retargeting, automação de anúncios e análise de dados.

- **Retargeting**: A IA identifica visitantes do site e exibe anúncios relevantes para incentivá-los a retornar e concluir uma ação, como uma compra.

- **Automação de Anúncios**: A plataforma automatiza a criação e a execução de campanhas publicitárias em vários canais, incluindo redes sociais, email e display.

- **Análise e Insights**: AdRoll utiliza IA para analisar o desempenho das campanhas e fornecer insights acionáveis para otimização contínua.

5. Marketo

Marketo é uma plataforma de automação de marketing que utiliza IA para gerenciar campanhas de marketing digital. As funcionalidades incluem a criação de campanhas, segmentação de público e análise de dados.

25

- **Criação de Campanhas**: A IA ajuda na criação de campanhas personalizadas com base no comportamento do usuário e nas tendências do mercado.

- **Segmentação Precisa**: A plataforma segmenta o público com base em dados demográficos, comportamentais e contextuais para garantir que os anúncios sejam exibidos para as pessoas certas.

- **Análise Avançada**: A IA fornece análises detalhadas e insights sobre o desempenho das campanhas, permitindo ajustes em tempo real para maximizar os resultados.

A automação de campanhas publicitárias com IA está revolucionando o marketing digital, proporcionando eficiência, precisão e melhores resultados. Plataformas como Google Ads, Facebook Ads Manager, HubSpot, AdRoll e Marketo são exemplos de como a IA pode ser utilizada para otimizar cada etapa do processo publicitário. À medida que a tecnologia avança, a integração da IA no marketing se tornará cada vez mais sofisticada, oferecendo oportunidades ainda maiores para empresas de todos os tamanhos.

1.1.2 Personalização em Escala: Como a IA Segmenta Públicos

A personalização em escala é uma das maiores vantagens da inteligência artificial (IA) no marketing digital. Com a capacidade de analisar grandes volumes de dados e identificar padrões, a IA permite que as empresas criem experiências personalizadas para os consumidores em larga escala. Neste segmento, exploraremos como a IA segmenta públicos e personaliza campanhas publicitárias para maximizar o engajamento e as conversões.

Análise de Dados e Aprendizado de Máquina

A base da personalização em escala está na análise de dados. A IA utiliza algoritmos de aprendizado de máquina para processar dados de diversas fontes, incluindo comportamento de navegação, histórico de compras, interações em redes sociais e dados demográficos. Esses algoritmos identificam padrões e tendências que podem ser usados para segmentar públicos de maneira eficaz.

- **Coleta de Dados**: A IA coleta dados de múltiplas fontes, como websites, aplicativos móveis, redes sociais e sistemas CRM.

27

- **Análise de Padrões**: Algoritmos de aprendizado de máquina analisam esses dados para identificar padrões e segmentar os usuários com base em comportamentos e preferências.

- **Criação de Perfis**: A partir dos padrões identificados, a IA cria perfis detalhados dos consumidores, que são utilizados para personalizar as campanhas.

Segmentação Comportamental

A segmentação comportamental envolve categorizar os consumidores com base em suas ações online, como páginas visitadas, produtos visualizados, tempo gasto em cada página e interações com conteúdo. A IA analisa esses comportamentos para criar segmentos específicos.

- **Interações no Site**: A IA monitora como os usuários interagem com um site, incluindo cliques, tempo de permanência e navegação entre páginas.

- **Histórico de Compras**: Comportamentos de compra anteriores são analisados para prever futuras compras e preferências de produtos.

- **Engajamento com Conteúdo**: A IA avalia quais tipos de conteúdo (blog posts, vídeos, e-mails) atraem mais a atenção de diferentes segmentos de público.

Segmentação Demográfica e Psicográfica

Além do comportamento, a IA também utiliza dados demográficos (idade, gênero, localização) e psicográficos (interesses, valores, estilo de vida) para segmentar públicos. Esses dados ajudam a criar mensagens de marketing mais relevantes e personalizadas.

- **Dados Demográficos**: A IA segmenta os públicos com base em informações como idade, gênero, localização geográfica e nível de renda.

- **Dados Psicográficos**: Através de análises de redes sociais e outras interações online, a IA identifica interesses, valores e atitudes para segmentar o público de forma mais granular.

Segmentação Contextual

A segmentação contextual refere-se à entrega de anúncios com base no contexto em que o usuário está navegando. A IA analisa o conteúdo da página ou o ambiente digital para garantir que os anúncios sejam relevantes para o usuário naquele momento específico.

- **Análise de Conteúdo**: A IA analisa o conteúdo da página que o usuário está visitando para determinar o tipo de anúncio mais relevante.

29

- **Ambiente Digital**: Fatores como hora do dia, tipo de dispositivo e localização também são considerados na segmentação contextual.

Personalização de Mensagens e Conteúdos

Uma vez que os segmentos de público são identificados, a IA pode personalizar as mensagens e conteúdos de marketing para cada segmento. Isso inclui personalização de e-mails, anúncios, landing pages e até mesmo recomendações de produtos.

- **E-mails Personalizados**: A IA cria e-mails personalizados com base nas preferências e comportamentos de cada segmento de público.

- **Anúncios Relevantes**: Anúncios são ajustados em tempo real para atender às necessidades e interesses de diferentes segmentos.

- **Recomendações de Produtos**: Algoritmos de IA sugerem produtos com base no histórico de compras e preferências de cada consumidor.

Ferramentas de IA para Personalização em Escala

Diversas ferramentas de IA ajudam as empresas a implementar personalização em escala. Algumas das mais populares incluem:

30

- **Salesforce Einstein**: Oferece personalização baseada em IA para e-mails, publicidade e experiências no site.

- **Adobe Sensei**: Utiliza IA para analisar dados de clientes e personalizar experiências em múltiplos canais.

- **Dynamic Yield**: Plataforma de personalização que utiliza IA para segmentar públicos e ajustar conteúdos em tempo real.

- **Optimizely**: Ferramenta de experimentação e personalização que utiliza IA para testar e implementar variações de conteúdo.

A personalização em escala por meio da IA está transformando o marketing digital, permitindo que as empresas ofereçam experiências mais relevantes e envolventes para os consumidores. Ao segmentar públicos com base em dados comportamentais, demográficos, psicográficos e contextuais, a IA possibilita campanhas publicitárias altamente personalizadas que maximizam o engajamento e as conversões. À medida que as tecnologias de IA continuam a evoluir, as oportunidades para personalização em escala se tornarão ainda mais sofisticadas e impactantes.

1.2 A/B Testing com IA

31

A/B testing é uma prática fundamental no marketing digital para comparar duas ou mais versões de uma variável (como uma página web, um e-mail ou um anúncio) e determinar qual delas tem um melhor desempenho. A integração da inteligência artificial (IA) no A/B testing está revolucionando a forma como as empresas otimizam seu conteúdo, proporcionando insights mais rápidos e precisos. Neste segmento, exploraremos o papel da IA na otimização de conteúdo através do A/B testing.

1.2.1 O Papel da IA na Otimização de Conteúdo

A inteligência artificial desempenha um papel crucial na otimização de conteúdo, automatizando o processo de A/B testing, analisando grandes volumes de dados e oferecendo insights acionáveis em tempo real. A seguir, detalhamos como a IA está transformando o A/B testing e a otimização de conteúdo.

Coleta e Análise de Dados Automatizada

A IA facilita a coleta e análise de dados de maneira automatizada, permitindo que as empresas realizem A/B tests de forma mais eficiente e em escala. Ao invés de depender de métodos manuais, a IA pode rapidamente identificar quais variáveis influenciam o desempenho e fornecer insights precisos sobre os resultados dos testes.

- **Automação de Coleta de Dados**: Ferramentas de IA coletam dados de diversas fontes, como interações no site, cliques em e-mails e conversões de anúncios.

- **Análise de Desempenho**: Algoritmos de IA analisam os dados em tempo real, identificando padrões e tendências que indicam qual variante está performando melhor.

- **Redução de Erros Humanos**: A automatização reduz a possibilidade de erros humanos na coleta e análise de dados, aumentando a precisão dos resultados.

Otimização Dinâmica de Conteúdo

A IA permite a otimização dinâmica de conteúdo, ajustando automaticamente elementos de uma página web, anúncio ou e-mail com base nos resultados do A/B testing. Isso significa que as variantes mais eficazes podem ser implementadas em tempo real, maximizando o impacto das campanhas de marketing.

- **Personalização em Tempo Real**: A IA ajusta o conteúdo mostrado aos usuários com base em seu comportamento e preferências individuais.

- **Adaptação Automática**: Elementos como títulos, imagens, chamadas para ação e layout podem ser alterados dinamicamente para otimizar o engajamento e as conversões.

- **Testes Contínuos**: A IA permite a realização de testes contínuos, onde o conteúdo é constantemente ajustado e melhorado com base em novos dados e resultados.

Análise Preditiva

Uma das maiores vantagens da IA no A/B testing é a capacidade de realizar análises preditivas. Ao utilizar algoritmos de aprendizado de máquina, a IA pode prever quais variantes provavelmente terão melhor desempenho antes mesmo de serem totalmente testadas, economizando tempo e recursos.

- **Modelagem Preditiva**: A IA cria modelos preditivos que antecipam os resultados de diferentes variantes com base em dados históricos e comportamentais.

34

- **Redução do Tempo de Teste**: Com previsões precisas, as empresas podem reduzir o tempo necessário para executar A/B tests completos, implementando rapidamente as melhores opções.

- **Aprimoramento Contínuo**: A análise preditiva permite ajustes contínuos e proativos nas campanhas, melhorando continuamente o desempenho.

Segmentação Avançada de Público

A IA aprimora a segmentação de público no A/B testing, garantindo que as variantes sejam testadas em segmentos relevantes e comparáveis. Isso resulta em insights mais precisos sobre como diferentes grupos respondem a diversas variantes de conteúdo.

- **Segmentação Precisa**: Algoritmos de IA identificam e segmentam públicos com base em características demográficas, comportamentais e contextuais.

- **Comparação Relevante**: A IA assegura que os testes sejam realizados em segmentos comparáveis, proporcionando resultados mais precisos e acionáveis.

- **Personalização Segmentada**: Com insights detalhados, as empresas podem personalizar conteúdo para segmentos específicos, aumentando o engajamento e a relevância.

Ferramentas de IA para A/B Testing

Existem várias ferramentas de IA que facilitam o A/B testing e a otimização de conteúdo. Algumas das mais populares incluem:

- **Google Optimize**: Utiliza IA para testar e personalizar experiências de sites com base em dados do usuário.

- **Optimizely X**: Plataforma de experimentação e personalização que usa IA para criar e testar variantes de conteúdo em tempo real.

- **Adobe Target**: Ferramenta de personalização que utiliza IA para otimizar experiências digitais através de A/B testing e segmentação avançada.

- **VWO (Visual Website Optimizer)**: Utiliza IA para realizar testes A/B, testes multivariados e personalização de conteúdo, fornecendo insights detalhados sobre o desempenho.

36

A integração da IA no A/B testing está revolucionando a otimização de conteúdo, oferecendo insights mais rápidos, precisos e acionáveis. A coleta e análise automatizada de dados, a otimização dinâmica de conteúdo, a análise preditiva e a segmentação avançada de público são apenas algumas das formas pelas quais a IA está transformando o marketing digital. Com o uso de ferramentas avançadas de IA, as empresas podem realizar testes contínuos, personalizar experiências em tempo real e melhorar significativamente o desempenho de suas campanhas de marketing.

1.2.2 Análise de Resultados em Tempo Real

A análise de resultados em tempo real é um componente essencial do A/B testing com IA, permitindo que as empresas obtenham insights instantâneos e façam ajustes rápidos em suas campanhas de marketing. Com a capacidade de processar grandes volumes de dados quase instantaneamente, a IA transforma a forma como os resultados são avaliados e como as decisões são tomadas.

Vantagens da Análise em Tempo Real

A análise de resultados em tempo real oferece várias vantagens significativas para as campanhas de marketing:

- **Resposta Rápida**: Permite ajustes imediatos nas campanhas, maximizando a eficácia com base no comportamento e nas preferências dos usuários.

- **Otimização Contínua**: Com insights instantâneos, as empresas podem realizar otimizações contínuas, melhorando o desempenho ao longo do tempo.

- **Detecção de Problemas**: Identifica rapidamente quaisquer problemas ou ineficiências na campanha, permitindo correções antes que impactem significativamente os resultados.

- **Aproveitamento de Oportunidades**: As empresas podem capitalizar rapidamente em tendências emergentes ou mudanças nas preferências do consumidor.

Como a IA Facilita a Análise em Tempo Real

38

A IA utiliza vários métodos e tecnologias para facilitar a análise de resultados em tempo real:

Coleta e Processamento de Dados em Tempo Real

A IA coleta e processa dados de diversas fontes em tempo real, incluindo interações de usuários, cliques, visualizações de páginas, e conversões. Isso permite que as empresas monitorem o desempenho de suas campanhas à medida que ocorrem.

- **Monitoramento Contínuo**: Ferramentas de IA monitoram continuamente as interações dos usuários, fornecendo dados atualizados a cada momento.

- **Integração de Fontes de Dados**: A IA integra dados de múltiplas fontes, como websites, aplicativos móveis, e redes sociais, para uma visão holística do desempenho da campanha.

- **Atualização Instantânea de Dashboards**: Dashboards e relatórios são atualizados instantaneamente com novos dados, permitindo visualizações em tempo real.

Análise e Visualização de Dados

A IA não apenas coleta dados, mas também os analisa e visualiza de maneira compreensível. Ferramentas de visualização de dados ajudam os profissionais de marketing a entender rapidamente os resultados e tomar decisões informadas.

- **Algoritmos de Análise**: Algoritmos avançados de IA analisam dados em tempo real para identificar padrões, tendências e anomalias.

- **Visualizações Interativas**: Gráficos, tabelas e dashboards interativos permitem explorar os dados de diferentes ângulos e níveis de detalhe.

- **Alertas em Tempo Real**: A IA pode configurar alertas para notificar os profissionais de marketing sobre mudanças significativas no desempenho da campanha.

Ajustes Automatizados e Recomendações

Com base na análise em tempo real, a IA pode fazer ajustes automáticos nas campanhas ou fornecer recomendações específicas para otimizações.

40

- **Ajustes Automáticos**: Algoritmos de IA ajustam automaticamente variáveis como lances de anúncios, segmentação de público e conteúdos exibidos, com base nos dados em tempo real.

- **Recomendações de Ação**: A IA fornece recomendações acionáveis para os profissionais de marketing, como modificar mensagens, alterar segmentações ou ajustar orçamentos.

- **Teste e Implementação Rápida**: As recomendações podem ser testadas e implementadas rapidamente, permitindo um ciclo contínuo de melhorias.

Ferramentas de IA para Análise em Tempo Real

Várias ferramentas de IA estão disponíveis para ajudar as empresas a realizar análise de resultados em tempo real:

- **Google Analytics 360**: Oferece análise em tempo real e insights detalhados sobre o comportamento do usuário, integrando dados de várias fontes.

41

- **Adobe Analytics**: Utiliza IA para análise em tempo real e oferece visualizações interativas e recomendações acionáveis.

- **Mixpanel**: Ferramenta de análise de produtos que fornece dados em tempo real sobre a interação do usuário e desempenho da campanha.

- **Heap Analytics**: Automatiza a coleta e análise de dados em tempo real, fornecendo insights sobre o comportamento do usuário e desempenho do site.

A análise de resultados em tempo real com IA é uma revolução no marketing digital, permitindo que as empresas tomem decisões rápidas e informadas para otimizar suas campanhas. A coleta e processamento de dados em tempo real, a análise e visualização de dados, e os ajustes automatizados são componentes chave que tornam essa análise possível. Com as ferramentas certas, as empresas podem não apenas monitorar o desempenho de suas campanhas instantaneamente, mas também fazer ajustes rápidos e eficazes para maximizar o impacto e o retorno sobre o investimento.

42

Capítulo 2: SEO Inteligente: IA e Otimização de Busca

A inteligência artificial (IA) está transformando a otimização de mecanismos de busca (SEO), tornando-a mais eficaz e eficiente. Com a capacidade de processar grandes volumes de dados e aprender com eles, a IA ajuda as empresas a melhorar seu posicionamento nos resultados de busca e atrair mais tráfego orgânico. Neste capítulo, exploraremos as ferramentas e técnicas de IA aplicadas ao SEO.

2.1 IA em SEO: Ferramentas e Técnicas

A aplicação da IA no SEO envolve várias ferramentas e técnicas que ajudam a automatizar tarefas, analisar dados e otimizar o conteúdo. Vamos explorar algumas das principais ferramentas e técnicas de IA que estão moldando o futuro do SEO.

2.1.1 Ferramentas de IA para SEO

43

Existem diversas ferramentas de IA que auxiliam na otimização de busca, cada uma com funcionalidades específicas que ajudam a melhorar o desempenho dos sites nos motores de busca.

Google RankBrain

RankBrain é um sistema de inteligência artificial utilizado pelo Google para entender melhor as consultas de busca e fornecer resultados mais relevantes. Ele utiliza aprendizado de máquina para interpretar palavras e frases, identificando a intenção por trás das consultas de busca dos usuários.

- **Análise Semântica**: RankBrain analisa as palavras e frases para entender a intenção do usuário, mesmo que a consulta contenha termos desconhecidos.

- **Aprimoramento Contínuo**: O sistema aprende continuamente com novos dados de busca, melhorando a precisão dos resultados ao longo do tempo.

Surfer SEO

Surfer SEO é uma ferramenta que utiliza IA para analisar o conteúdo de páginas de alto ranking e fornecer recomendações para otimização de conteúdo.

44

- **Análise de Competidores**: Compara o conteúdo do seu site com o de concorrentes de alto ranking para identificar lacunas e oportunidades de melhoria.

- **Recomendações de Conteúdo**: Fornece sugestões detalhadas sobre como otimizar o conteúdo, incluindo uso de palavras-chave, estrutura do texto e densidade de palavras-chave.

Clearscope

Clearscope é uma ferramenta de pesquisa de palavras-chave que utiliza IA para analisar o conteúdo e fornecer recomendações de otimização com base nos melhores resultados de busca.

- **Pesquisa de Palavras-Chave**: Identifica as palavras-chave mais relevantes e sugere variações e sinônimos.

- **Análise de Conteúdo**: Avalia a qualidade do conteúdo e fornece sugestões para melhorar a relevância e a profundidade.

MarketMuse

MarketMuse utiliza IA para ajudar na criação de conteúdo otimizado para SEO. Ele analisa o conteúdo existente e sugere

45

tópicos e palavras-chave que podem melhorar a visibilidade nos motores de busca.

- **Planejamento de Conteúdo**: Sugere tópicos e palavras-chave baseados em lacunas de conteúdo e oportunidades de mercado.

- **Otimização de Conteúdo**: Avalia o conteúdo e fornece recomendações detalhadas para melhorar a relevância e o posicionamento.

SEMrush

SEMrush é uma plataforma completa de SEO que utiliza IA para análise de concorrentes, pesquisa de palavras-chave, auditorias de sites e muito mais.

- **Pesquisa de Palavras-Chave**: Identifica palavras-chave de alto valor e oportunidades de longo cauda.

- **Análise de Concorrentes**: Fornece insights sobre as estratégias de SEO dos concorrentes, incluindo backlinks e palavras-chave.

2.1.2 Técnicas de IA para SEO

46

Além das ferramentas, várias técnicas de IA são aplicadas no SEO para melhorar o desempenho dos sites nos motores de busca.

Processamento de Linguagem Natural (NLP)

O NLP é uma técnica de IA que ajuda os motores de busca a entender o significado das palavras e a intenção por trás das consultas dos usuários. Isso permite que os motores de busca forneçam resultados mais relevantes e precisos.

- **Análise Semântica**: Ajuda a entender o contexto das palavras e frases, melhorando a relevância dos resultados de busca.

- **Identificação de Entidades**: Reconhece e classifica entidades (pessoas, lugares, organizações) mencionadas no conteúdo para melhorar a precisão da busca.

Machine Learning

O aprendizado de máquina é usado para analisar grandes volumes de dados e identificar padrões que podem ser utilizados para melhorar o SEO.

47

- **Predição de Tendências**: Analisa dados de busca e comportamento do usuário para prever tendências e ajustar as estratégias de SEO.

- **Otimização de Algoritmos**: Melhora os algoritmos de busca com base em dados históricos e novos insights.

Análise de Sentimento

A análise de sentimento utiliza IA para avaliar a opinião dos usuários sobre determinado conteúdo, produto ou serviço. Isso pode influenciar o SEO, pois o feedback positivo ou negativo pode impactar a visibilidade nos motores de busca.

- **Avaliação de Comentários**: Analisa comentários e avaliações para identificar sentimentos e ajustar o conteúdo e a estratégia de SEO.

- **Monitoramento de Marca**: Avalia o sentimento em torno da marca para melhorar a reputação online e o posicionamento nos motores de busca.

Automação de SEO

48

A automação de SEO envolve o uso de IA para automatizar tarefas repetitivas e demoradas, como auditorias de sites, monitoramento de rankings e geração de relatórios.

- **Auditorias Automatizadas**: Ferramentas de IA realizam auditorias de sites para identificar problemas técnicos e oportunidades de melhoria.

- **Monitoramento de Rankings**: Automatiza o acompanhamento das posições nos motores de busca, fornecendo alertas sobre mudanças significativas.

- **Geração de Relatórios**: Cria relatórios detalhados de desempenho, permitindo que os profissionais de SEO se concentrem em estratégias mais avançadas.

A aplicação da IA no SEO oferece uma gama de ferramentas e técnicas poderosas que ajudam as empresas a otimizar seu conteúdo e melhorar seu posicionamento nos motores de busca. Desde a análise semântica e predição de tendências até a automação de tarefas e análise de sentimento, a IA está transformando a forma como o SEO é praticado. Com o uso

49

dessas tecnologias avançadas, as empresas podem obter insights mais profundos, tomar decisões mais informadas e, finalmente, alcançar melhores resultados em suas estratégias de marketing digital.

2.1 IA em SEO: Ferramentas e Técnicas

A inteligência artificial (IA) está revolucionando o campo da otimização de mecanismos de busca (SEO), proporcionando maneiras mais eficientes e precisas de melhorar a visibilidade online. A aplicação de IA em SEO envolve uma variedade de ferramentas e técnicas que ajudam a automatizar processos, analisar dados e otimizar conteúdo. Neste segmento, exploraremos as principais ferramentas e técnicas de IA que estão moldando o futuro do SEO.

2.1.1 Ferramentas de IA para SEO

Existem diversas ferramentas de IA que auxiliam na otimização de busca, cada uma oferecendo funcionalidades específicas para melhorar o desempenho dos sites nos motores de busca. Abaixo estão algumas das mais populares:

Google RankBrain

RankBrain é um sistema de inteligência artificial utilizado pelo Google para processar consultas de busca. Ele ajuda o Google a interpretar melhor as pesquisas dos usuários e a fornecer resultados mais relevantes.

- **Análise Semântica**: RankBrain analisa palavras e frases para entender a intenção do usuário, mesmo que a consulta contenha termos desconhecidos.

- **Aprimoramento Contínuo**: O sistema aprende continuamente com novos dados de busca, melhorando a precisão dos resultados ao longo do tempo.

Surfer SEO

Surfer SEO utiliza IA para analisar o conteúdo de páginas de alto ranking e fornecer recomendações para otimização de conteúdo.

- **Análise de Competidores**: Compara o conteúdo do seu site com o de concorrentes de alto ranking para identificar lacunas e oportunidades de melhoria.

- **Recomendações de Conteúdo**: Fornece sugestões detalhadas sobre como otimizar o conteúdo, incluindo uso de palavras-chave, estrutura do texto e densidade de palavras-chave.

Clearscope

Clearscope é uma ferramenta de pesquisa de palavras-chave que utiliza IA para analisar o conteúdo e fornecer recomendações de otimização com base nos melhores resultados de busca.

- **Pesquisa de Palavras-Chave**: Identifica as palavras-chave mais relevantes e sugere variações e sinônimos.

- **Análise de Conteúdo**: Avalia a qualidade do conteúdo e fornece sugestões para melhorar a relevância e a profundidade.

MarketMuse

MarketMuse utiliza IA para ajudar na criação de conteúdo otimizado para SEO. Ele analisa o conteúdo existente e sugere

52

tópicos e palavras-chave que podem melhorar a visibilidade nos motores de busca.

- **Planejamento de Conteúdo**: Sugere tópicos e palavras-chave baseados em lacunas de conteúdo e oportunidades de mercado.

- **Otimização de Conteúdo**: Avalia o conteúdo e fornece recomendações detalhadas para melhorar a relevância e o posicionamento.

SEMrush

SEMrush é uma plataforma completa de SEO que utiliza IA para análise de concorrentes, pesquisa de palavras-chave, auditorias de sites e muito mais.

- **Pesquisa de Palavras-Chave**: Identifica palavras-chave de alto valor e oportunidades de long tail.

- **Análise de Concorrentes**: Fornece insights sobre as estratégias de SEO dos concorrentes, incluindo backlinks e palavras-chave.

2.1.2 Técnicas de IA para SEO

53

Além das ferramentas, várias técnicas de IA são aplicadas no SEO para melhorar o desempenho dos sites nos motores de busca.

Processamento de Linguagem Natural (NLP)

O NLP é uma técnica de IA que ajuda os motores de busca a entender o significado das palavras e a intenção por trás das consultas dos usuários. Isso permite que os motores de busca forneçam resultados mais relevantes e precisos.

- **Análise Semântica**: Ajuda a entender o contexto das palavras e frases, melhorando a relevância dos resultados de busca.

- **Identificação de Entidades**: Reconhece e classifica entidades (pessoas, lugares, organizações) mencionadas no conteúdo para melhorar a precisão da busca.

Machine Learning

O aprendizado de máquina é usado para analisar grandes volumes de dados e identificar padrões que podem ser utilizados para melhorar o SEO.

- **Predição de Tendências**: Analisa dados de busca e comportamento do usuário para prever tendências e ajustar as estratégias de SEO.

- **Otimização de Algoritmos**: Melhora os algoritmos de busca com base em dados históricos e novos insights.

Análise de Sentimento

A análise de sentimento utiliza IA para avaliar a opinião dos usuários sobre determinado conteúdo, produto ou serviço. Isso pode influenciar o SEO, pois o feedback positivo ou negativo pode impactar a visibilidade nos motores de busca.

- **Avaliação de Comentários**: Analisa comentários e avaliações para identificar sentimentos e ajustar o conteúdo e a estratégia de SEO.

- **Monitoramento de Marca**: Avalia o sentimento em torno da marca para melhorar a reputação online e o posicionamento nos motores de busca.

Automação de SEO

A automação de SEO envolve o uso de IA para automatizar tarefas repetitivas e demoradas, como auditorias de sites, monitoramento de rankings e geração de relatórios.

- **Auditorias Automatizadas**: Ferramentas de IA realizam auditorias de sites para identificar problemas técnicos e oportunidades de melhoria.

- **Monitoramento de Rankings**: Automatiza o acompanhamento das posições nos motores de busca, fornecendo alertas sobre mudanças significativas.

- **Geração de Relatórios**: Cria relatórios detalhados de desempenho, permitindo que os profissionais de SEO se concentrem em estratégias mais avançadas.

A aplicação da IA no SEO oferece uma gama de ferramentas e técnicas poderosas que ajudam as empresas a otimizar seu conteúdo e melhorar seu posicionamento nos motores de busca. Desde a análise semântica e predição de tendências até a automação de tarefas e análise de sentimento, a IA está transformando a forma como o SEO é praticado. Com o uso dessas tecnologias avançadas, as empresas podem obter insights mais profundos, tomar decisões mais informadas e, finalmente,

56

alcançar melhores resultados em suas estratégias de marketing digital.

2.1.1 Análise de Palavras-chave com IA

A análise de palavras-chave é uma das áreas mais críticas do SEO, e a inteligência artificial (IA) está revolucionando essa prática. Com a capacidade de processar grandes volumes de dados rapidamente e identificar padrões, a IA permite uma análise de palavras-chave mais precisa e eficiente. Neste segmento, exploraremos como a IA está sendo usada para melhorar a análise de palavras-chave e as principais ferramentas que facilitam esse processo.

O Papel da IA na Análise de Palavras-chave

A IA transforma a análise de palavras-chave ao automatizar a coleta e processamento de dados, identificar tendências emergentes e fornecer recomendações de otimização. As principais vantagens incluem:

57

- **Eficiência**: Automação de tarefas repetitivas e demoradas, liberando tempo para atividades estratégicas.

- **Precisão**: Análise detalhada e precisa de grandes volumes de dados, resultando em insights mais robustos.

- **Personalização**: Recomendações de palavras-chave personalizadas com base no comportamento do usuário e nas tendências do mercado.

- **Escalabilidade**: Capacidade de analisar um grande número de palavras-chave simultaneamente, escalando conforme a necessidade.

Ferramentas de IA para Análise de Palavras-chave

Google Keyword Planner com IA

O Google Keyword Planner é uma ferramenta essencial para a pesquisa de palavras-chave, e suas capacidades de IA melhoraram significativamente sua eficácia.

- **Sugestões Inteligentes**: Utiliza IA para fornecer sugestões de palavras-chave com base em consultas de pesquisa e tendências de mercado.

- **Análise de Volume de Busca**: Fornece dados precisos sobre o volume de busca e a concorrência para palavras-chave específicas.

- **Previsões de Desempenho**: Utiliza aprendizado de máquina para prever o desempenho futuro das palavras-chave.

Ahrefs

Ahrefs é uma das ferramentas mais populares para pesquisa de palavras-chave, e sua integração de IA oferece insights poderosos.

- **Explorador de Palavras-Chave**: Utiliza IA para analisar um grande volume de dados e fornecer sugestões de palavras-chave relevantes.

- **Análise de Concorrência**: Identifica palavras-chave usadas pelos concorrentes e sugere oportunidades de otimização.

- **Tendências de Busca**: Analisa tendências de busca para identificar palavras-chave emergentes e sazonais.

SEMrush

SEMrush utiliza IA para melhorar a pesquisa e análise de palavras-chave, oferecendo uma gama de funcionalidades avançadas.

- **Ferramenta de Pesquisa de Palavras-Chave**: Fornece sugestões detalhadas de palavras-chave com base em análises de IA.

- **Análise de Competição**: Avalia a dificuldade de palavras-chave e sugere estratégias para superar a concorrência.

- **Mapeamento de Palavras-Chave**: Cria mapas de palavras-chave para ajudar na organização e planejamento de estratégias de SEO.

Moz Keyword Explorer

Moz Keyword Explorer é outra ferramenta poderosa que utiliza IA para ajudar na pesquisa de palavras-chave.

- **Sugestões de Palavras-Chave**: Utiliza IA para gerar uma lista abrangente de palavras-chave relacionadas.

- **Análise de Volume e Dificuldade**: Fornece dados sobre o volume de busca e a dificuldade de classificação das palavras-chave.

- **Recomendações de Long Tail**: Identifica palavras-chave de cauda longa com potencial de alto tráfego e baixa concorrência.

Ubersuggest

Ubersuggest é uma ferramenta acessível que usa IA para fornecer insights valiosos sobre palavras-chave.

- **Geração de Ideias de Palavras-Chave**: Utiliza IA para gerar uma ampla gama de sugestões de palavras-chave com base em consultas de pesquisa iniciais.

- **Análise de SEO**: Avalia a viabilidade das palavras-chave e fornece recomendações para otimização de conteúdo.

- **Tendências de Palavras-Chave**: Monitora e analisa tendências de busca para identificar oportunidades de otimização.

Técnicas de IA para Análise de Palavras-chave

61

Processamento de Linguagem Natural (NLP)

O NLP é uma técnica de IA que analisa a linguagem humana para entender melhor as intenções de busca dos usuários.

- **Análise Semântica**: Avalia o contexto das palavras-chave para entender melhor a intenção do usuário.

- **Identificação de Entidades**: Reconhece entidades específicas (como nomes de produtos ou marcas) para refinar as sugestões de palavras-chave.

Aprendizado de Máquina

O aprendizado de máquina é usado para analisar padrões em grandes conjuntos de dados de palavras-chave e fornecer previsões e recomendações.

- **Previsão de Tendências**: Utiliza dados históricos para prever futuras tendências de busca e identificar oportunidades emergentes.

- **Recomendações Personalizadas**: Oferece sugestões de palavras-chave personalizadas com base no comportamento do usuário e nas tendências do mercado.

Análise de Sentimento

A análise de sentimento avalia o tom e a emoção por trás das consultas de busca para identificar palavras-chave que ressoam positivamente com os usuários.

- **Avaliação de Feedback**: Analisa comentários e avaliações para identificar palavras-chave que são frequentemente associadas a sentimentos positivos.

- **Otimização de Conteúdo**: Ajusta o conteúdo com base no sentimento predominante para melhorar o engajamento do usuário.

Conclusão

A análise de palavras-chave com IA oferece uma abordagem mais precisa, eficiente e personalizada para otimizar a visibilidade nos motores de busca. Ferramentas como Google Keyword Planner, Ahrefs, SEMrush, Moz Keyword Explorer e Ubersuggest, combinadas com técnicas avançadas de IA como NLP, aprendizado de máquina e análise de sentimento, estão transformando a maneira como as palavras-chave são pesquisadas e utilizadas. Ao adotar essas ferramentas e técnicas, as empresas podem melhorar significativamente suas estratégias de SEO e alcançar melhores resultados nos motores de busca.

2.1.2 Otimização de Conteúdo para SEO com Aprendizado de Máquina

O aprendizado de máquina (machine learning) está revolucionando a otimização de conteúdo para SEO, proporcionando uma abordagem mais dinâmica e adaptativa para melhorar o desempenho dos sites nos motores de busca. Com a capacidade de analisar grandes volumes de dados e identificar padrões complexos, o aprendizado de máquina oferece novas oportunidades para criar e otimizar conteúdo que atenda às necessidades dos usuários e aos requisitos dos algoritmos dos motores de busca.

Como o Aprendizado de Máquina Otimiza o Conteúdo para SEO

O aprendizado de máquina pode ser aplicado à otimização de conteúdo de várias maneiras, desde a análise e a criação de conteúdo até a personalização e a melhoria contínua. Aqui estão

64

algumas das principais formas como o aprendizado de máquina está transformando a otimização de conteúdo para SEO:

1. Análise de Conteúdo e Identificação de Lacunas

O aprendizado de máquina pode analisar grandes quantidades de conteúdo existente para identificar lacunas e oportunidades de otimização.

- **Análise de Qualidade de Conteúdo**: Algoritmos de aprendizado de máquina avaliam a qualidade do conteúdo existente, identificando pontos fortes e fracos, como profundidade, relevância e legibilidade.

- **Identificação de Lacunas**: Identifica tópicos e subtemas que estão ausentes ou subexplorados, oferecendo oportunidades para expandir e melhorar o conteúdo.

2. Geração de Conteúdo

O aprendizado de máquina pode auxiliar na criação de conteúdo ao gerar automaticamente textos baseados em dados e padrões identificados.

- **Geração de Texto Automatizada**: Ferramentas de geração de conteúdo, como GPT-4, podem criar textos

65

baseados em parâmetros definidos, ajudando a gerar conteúdo relevante e otimizado para SEO.

- **Sugestões de Tópicos**: Algoritmos de aprendizado de máquina sugerem tópicos e ideias de conteúdo com base nas tendências de busca e nas necessidades dos usuários.

3. Otimização de Palavras-chave

O aprendizado de máquina melhora a otimização de palavras-chave ao analisar dados de busca e comportamento do usuário para identificar palavras-chave mais eficazes.

- **Identificação de Palavras-Chave**: Analisa dados de pesquisa para identificar palavras-chave relevantes e sinônimos que podem melhorar o desempenho do conteúdo.

- **Otimização Dinâmica**: Ajusta automaticamente a densidade e o posicionamento das palavras-chave para maximizar a relevância e a eficácia do conteúdo.

4. Personalização de Conteúdo

O aprendizado de máquina pode personalizar o conteúdo com base no comportamento e nas preferências dos usuários, aumentando o engajamento e a satisfação.

- **Segmentação de Público**: Utiliza dados de comportamento do usuário para criar segmentos de público e oferecer conteúdo personalizado que atende às suas necessidades específicas.

- **Recomendações de Conteúdo**: Oferece recomendações de conteúdo personalizadas com base nas interações passadas e nas preferências dos usuários.

5. Avaliação e Melhoria Contínua

O aprendizado de máquina permite uma avaliação contínua do desempenho do conteúdo e sugere melhorias com base em dados de feedback e resultados de busca.

- **Análise de Desempenho**: Monitora e analisa o desempenho do conteúdo em tempo real, identificando áreas que precisam de ajustes.

- **Recomendações de Melhoria**: Fornece sugestões específicas para melhorar o conteúdo, como ajustes na estrutura, na linguagem e na relevância.

Ferramentas de Aprendizado de Máquina para Otimização de Conteúdo

Várias ferramentas de aprendizado de máquina estão disponíveis para ajudar na otimização de conteúdo para SEO. Aqui estão algumas das mais populares:

1. Clearscope

Clearscope utiliza aprendizado de máquina para analisar o conteúdo e fornecer recomendações de otimização.

- **Análise de Conteúdo**: Avalia o conteúdo existente e sugere melhorias com base nas melhores práticas e nas tendências de pesquisa.

- **Sugestões de Palavras-Chave**: Oferece sugestões de palavras-chave e sinônimos para melhorar a relevância do conteúdo.

2. MarketMuse

MarketMuse usa aprendizado de máquina para ajudar na criação e otimização de conteúdo.

- **Planejamento de Conteúdo**: Sugere tópicos e palavras-chave com base em lacunas de conteúdo e oportunidades de mercado.

- **Otimização de Conteúdo**: Fornece recomendações para melhorar a profundidade e a relevância do conteúdo.

3. Frase

Frase utiliza IA para otimizar o conteúdo e fornecer insights sobre a criação de conteúdo relevante e bem estruturado.

- **Geração de Conteúdo**: Ajuda a criar conteúdo otimizado para SEO com base em dados e padrões identificados.

- **Análise de Concorrência**: Avalia o conteúdo dos concorrentes e fornece recomendações para melhorar o seu próprio conteúdo.

4. Surfer SEO

69

Surfer SEO utiliza aprendizado de máquina para fornecer recomendações de otimização de conteúdo com base na análise de concorrentes e dados de busca.

- **Análise de Competidores**: Compara seu conteúdo com o de concorrentes de alto ranking e sugere melhorias.

- **Otimização de Conteúdo**: Fornece sugestões detalhadas para melhorar a estrutura e a relevância do conteúdo.

O aprendizado de máquina está transformando a otimização de conteúdo para SEO ao fornecer insights mais precisos, recomendações personalizadas e capacidades de automação. Com a aplicação de técnicas avançadas de aprendizado de máquina, como análise de conteúdo, geração de texto, otimização de palavras-chave, personalização e avaliação contínua, as empresas podem criar e manter conteúdo que atende às necessidades dos usuários e aos requisitos dos algoritmos dos motores de busca. Utilizar ferramentas e técnicas baseadas em aprendizado de máquina é essencial para alcançar um desempenho superior e sustentável em SEO.

2.2 Voice Search e IA

2.2.1 Como a IA Está Mudando a Busca por Voz

A busca por voz tem se tornado uma parte cada vez mais importante da experiência de busca online, e a inteligência artificial (IA) desempenha um papel fundamental na transformação dessa tecnologia. O avanço da IA tem possibilitado melhorias significativas na forma como os dispositivos entendem e respondem às consultas de voz. Vamos explorar como a IA está mudando a busca por voz e as principais inovações que estão moldando o futuro dessa tecnologia.

1. Processamento de Linguagem Natural (NLP)

O Processamento de Linguagem Natural (NLP) é uma das áreas mais críticas da IA que está transformando a busca por voz. NLP permite que os sistemas de busca por voz compreendam e interpretem a linguagem humana de maneira mais precisa e natural.

- **Compreensão Contextual**: NLP melhora a capacidade dos assistentes de voz em entender o contexto das consultas, interpretando frases e palavras de acordo com a intenção do usuário. Por exemplo, compreender a diferença entre "restaurantes próximos" e "restaurantes próximos à minha localização atual".

- **Desambiguação**: Ajuda a resolver ambiguidades na linguagem falada, como entender o significado de palavras que podem ter múltiplas interpretações com base no contexto da conversa.

2. Reconhecimento de Fala

O reconhecimento de fala é uma tecnologia que permite que os sistemas convertam a fala em texto, uma etapa essencial para a busca por voz. As inovações em IA têm aprimorado significativamente a precisão e a eficiência do reconhecimento de fala.

- **Modelos de Linguagem Avançados**: Modelos de linguagem baseados em IA, como BERT (Bidirectional Encoder Representations from Transformers) e GPT (Generative Pre-trained Transformer), melhoram a

72

precisão do reconhecimento de fala ao compreender o contexto e o significado das palavras.

- **Adaptação ao Usuário**: Sistemas modernos de reconhecimento de fala podem aprender e se adaptar ao estilo de fala e ao sotaque do usuário, oferecendo uma experiência mais personalizada e precisa.

3. Entendimento de Intenção

A IA está aprimorando a capacidade dos sistemas de busca por voz em entender a intenção por trás das consultas dos usuários. Isso permite que os assistentes de voz forneçam respostas mais relevantes e úteis.

- **Análise de Intenção**: Algoritmos de IA analisam as consultas de voz para identificar a intenção do usuário, como obter informações, fazer uma compra ou realizar uma ação específica.

- **Respostas Contextuais**: Fornece respostas que consideram o contexto da consulta, como histórico de buscas anteriores e preferências do usuário.

4. Interação Conversacional

73

A IA está permitindo uma interação mais fluida e natural entre os usuários e os assistentes de voz, transformando a busca por voz em uma experiência mais conversacional.

- **Diálogos Naturais**: Assistentes de voz baseados em IA podem manter conversas contínuas e naturais, entendendo e respondendo a múltiplas perguntas em um diálogo.

- **Personalização de Respostas**: Oferece respostas personalizadas com base nas interações passadas e nas preferências do usuário, melhorando a relevância das informações fornecidas.

5. Otimização para Busca por Voz

Com o crescimento da busca por voz, otimizar o conteúdo para essa tecnologia tornou-se essencial. A IA está ajudando a identificar e implementar práticas recomendadas para otimização.

- **SEO para Busca por Voz**: Utiliza IA para analisar como as pessoas fazem perguntas por voz e ajustar o conteúdo para atender a essas consultas. Isso inclui a

74

utilização de linguagem natural e perguntas frequentes (FAQs) em conteúdo otimizado.

- **Análise de Padrões de Pesquisa**: Analisa padrões de pesquisa por voz para entender como os usuários formulam suas consultas e ajustar estratégias de SEO de acordo.

6. Integração com Dispositivos IoT

A busca por voz está se integrando com dispositivos da Internet das Coisas (IoT), permitindo uma interação mais ampla e funcional com o ambiente do usuário.

- **Controle de Dispositivos**: Assistentes de voz controlam dispositivos IoT, como termostatos, luzes e eletrodomésticos, facilitando a gestão de tarefas diárias.

- **Automação Residencial**: Permite a automação de tarefas residenciais com comandos de voz, proporcionando uma experiência mais conveniente e integrada.

7. Desafios e Oportunidades

Apesar dos avanços, ainda existem desafios na busca por voz que precisam ser enfrentados.

- **Privacidade e Segurança**: A coleta e o processamento de dados de voz levantam preocupações sobre privacidade e segurança, exigindo medidas adequadas para proteger as informações dos usuários.

- **Diversidade Linguística**: Garantir que os sistemas de busca por voz funcionem bem em diferentes idiomas e dialetos é um desafio contínuo que a IA está trabalhando para resolver.

A inteligência artificial está transformando a busca por voz ao melhorar a compreensão da linguagem natural, o reconhecimento de fala e a capacidade de entender a intenção dos usuários. Com a evolução da IA, os assistentes de voz estão se tornando mais precisos, personalizados e capazes de oferecer uma experiência de busca mais fluida e natural. À medida que a tecnologia continua a avançar, a busca por voz se tornará uma parte ainda mais integrada e essencial da vida cotidiana, oferecendo novas oportunidades para a interação com a tecnologia e a otimização para SEO.

76

2.2.2 Estratégias de SEO para Voice Search

Com o crescimento da busca por voz, é essencial adaptar as estratégias de SEO para garantir que seu conteúdo seja facilmente encontrado por assistentes de voz como Google Assistant, Siri e Alexa. Abaixo estão algumas estratégias eficazes para otimizar seu conteúdo para a busca por voz.

1. Utilização de Linguagem Natural

A busca por voz tende a usar uma linguagem mais conversacional e natural em comparação com as pesquisas digitadas. Adaptar o conteúdo para refletir essa naturalidade pode melhorar a relevância e a visibilidade nas buscas por voz.

- **Incorporação de Perguntas e Respostas**: Estruture o conteúdo para responder a perguntas comuns de forma clara e direta. Utilize a formatação de perguntas e respostas (FAQ) para capturar essas consultas.

77

- **Uso de Frases Conversacionais**: Inclua frases que imitam a maneira como as pessoas falam, em vez de se concentrar apenas em palavras-chave formais.

2. Otimização para Perguntas de Long Tail

As consultas por voz frequentemente são mais longas e específicas. Adaptar o conteúdo para responder a perguntas de long tail pode ajudar a capturar essas pesquisas mais detalhadas.

- **Pesquisa de Perguntas Frequentes**: Identifique as perguntas long tail mais comuns relacionadas ao seu setor e crie conteúdo que responda a essas perguntas de maneira abrangente.

- **Estrutura de Conteúdo**: Organize o conteúdo para responder de forma direta e específica às perguntas, incluindo subtítulos e seções que abordem diferentes aspectos da consulta.

3. Foco em Resultados de Pesquisa Local

A busca por voz é frequentemente utilizada para encontrar informações locais, como "restaurantes perto de mim" ou "farmácias abertas agora". Otimizar para resultados de pesquisa local é crucial para capturar essas consultas.

- **Otimização Local**: Certifique-se de que seu perfil de Google Meu Negócio esteja atualizado e completo, incluindo informações de contato, horário de funcionamento e localização.

- **Conteúdo Localizado**: Crie conteúdo relevante para a sua área geográfica, como posts de blog sobre eventos locais ou guias de negócios na sua região.

4. Melhorias na Velocidade e Desempenho do Site

A velocidade do site e a experiência do usuário são fatores importantes para a busca por voz. Sites que carregam rapidamente e oferecem uma experiência de usuário fluida têm mais chances de serem recomendados por assistentes de voz.

- **Otimização da Velocidade**: Melhore o tempo de carregamento do seu site otimizando imagens, utilizando cache e reduzindo o tamanho dos arquivos.

- **Design Responsivo**: Garanta que seu site seja responsivo e funcione bem em dispositivos móveis, uma

79

vez que muitos usuários fazem buscas por voz em smartphones.

5. Utilização de Dados Estruturados

Os dados estruturados ajudam os motores de busca a entender o conteúdo do seu site e a exibir informações relevantes nos resultados de busca por voz.

- **Implementação de Schema Markup**: Utilize schema markup para fornecer informações detalhadas sobre seu conteúdo, como receitas, eventos e produtos, ajudando os assistentes de voz a fornecer respostas precisas.

- **Rich Snippets**: Crie rich snippets que podem ser facilmente lidos e interpretados por assistentes de voz.

6. Ajuste no Conteúdo para "Posição Zero"

Os assistentes de voz frequentemente retornam informações que estão na "posição zero" dos resultados de pesquisa, como snippets em destaque.

- **Otimização para Snippets em Destaque**: Estruture seu conteúdo para fornecer respostas diretas e concisas a perguntas comuns, aumentando a chance de aparecer como snippet em destaque.

- **Respostas Concisas e Diretas**: Ofereça respostas diretas e estruturadas que respondam à pergunta do usuário de maneira clara e imediata.

2.3 Monitoramento de SERP com IA

O monitoramento de SERP (Search Engine Results Page) é crucial para avaliar a eficácia das estratégias de SEO e ajustar as abordagens conforme necessário. A inteligência artificial (IA) está desempenhando um papel significativo nesse processo, oferecendo insights mais profundos e precisos sobre o desempenho das páginas nos resultados de busca. Abaixo, exploramos como a IA está sendo utilizada para monitorar e analisar as SERPs.

1. Análise Automatizada de SERPs

A IA pode automatizar a análise das SERPs, fornecendo uma visão abrangente e detalhada do desempenho das páginas.

- **Rastreamento de Rankings**: Ferramentas de IA rastreiam e monitoram as posições das páginas para palavras-chave específicas, oferecendo relatórios detalhados sobre mudanças de ranking.

- **Identificação de Padrões**: Algoritmos de IA identificam padrões e tendências nos rankings, ajudando a detectar alterações no algoritmo dos motores de busca ou mudanças no comportamento dos usuários.

2. Análise de Competição

A IA permite uma análise mais detalhada dos concorrentes, ajudando a entender como suas páginas se comparam às dos concorrentes nos resultados de busca.

- **Comparação de Rankings**: Ferramentas de IA comparam o desempenho de palavras-chave e rankings entre seu site e os sites concorrentes.

- **Análise de Estratégias de SEO**: Avalia as estratégias de SEO dos concorrentes, incluindo palavras-chave,

82

conteúdo e backlinks, fornecendo insights sobre áreas para melhoria.

3. Análise de SERP Features

Os resultados de busca agora incluem várias características, como snippets em destaque, resultados de imagens e resultados de vídeos. A IA pode analisar essas características para fornecer insights sobre como elas afetam o desempenho.

- **Monitoramento de Snippets em Destaque**: Identifica quais páginas estão aparecendo como snippets em destaque e ajusta o conteúdo para competir por essas posições.

- **Análise de Outras Features**: Avalia como outras características da SERP, como mapas e resultados de imagens, impactam o tráfego e a visibilidade.

4. Relatórios e Insights Personalizados

Ferramentas de IA oferecem relatórios detalhados e insights personalizados com base no desempenho das SERPs.

- **Relatórios Automatizados**: Gera relatórios detalhados sobre mudanças no ranking, desempenho de palavras-

83

chave e métricas de SEO, facilitando a tomada de decisões informadas.

- **Insights Personalizados**: Fornece recomendações personalizadas com base na análise de dados, ajudando a otimizar estratégias de SEO e ajustar táticas conforme necessário.

5. Previsão de Tendências e Impactos

A IA pode prever tendências futuras e avaliar o impacto potencial de mudanças nas SERPs.

- **Previsão de Tendências de Busca**: Analisa dados históricos e padrões de pesquisa para prever futuras tendências e ajustar as estratégias de SEO antecipadamente.

- **Impacto de Mudanças no Algoritmo**: Avalia o impacto potencial de mudanças nos algoritmos dos motores de busca e ajusta as estratégias de SEO para mitigar efeitos negativos.

A inteligência artificial está transformando o monitoramento de SERPs ao oferecer análises automatizadas, insights detalhados e previsões precisas. Ao utilizar IA para analisar o desempenho das SERPs e monitorar a busca por voz, as empresas podem ajustar suas estratégias de SEO de maneira mais eficaz, garantindo que seu conteúdo se mantenha relevante e visível nos motores de busca. Implementar estratégias de SEO adaptadas para a busca por voz e utilizar ferramentas de IA para monitorar e analisar SERPs é essencial para alcançar e manter um desempenho competitivo no ambiente digital atual.

2.3 Monitoramento de SERP com IA

2.3.1 Rastreamento de Classificações com Algoritmos de IA

O rastreamento de classificações é um componente essencial para a análise de SEO, permitindo que os profissionais monitorizem como suas páginas se posicionam nos resultados de busca ao longo do tempo. A inteligência artificial (IA) está transformando essa área ao oferecer métodos mais avançados e precisos para rastrear e analisar as classificações das páginas. Vamos explorar como os algoritmos de IA estão revolucionando o rastreamento de classificações e os benefícios associados a essas inovações.

1. Automatização do Rastreamento

A IA permite a automação do rastreamento de classificações, economizando tempo e recursos e garantindo uma análise mais consistente.

- **Rastreamento Contínuo**: Algoritmos de IA realizam o rastreamento das classificações em intervalos regulares e contínuos, garantindo que as informações estejam sempre atualizadas.

- **Coleta de Dados em Grande Escala**: A IA pode coletar dados de grandes volumes de consultas e palavras-chave, oferecendo uma visão abrangente do desempenho das páginas.

2. Análise de Tendências e Padrões

Os algoritmos de IA analisam grandes quantidades de dados para identificar tendências e padrões nas classificações.

- **Detecção de Mudanças**: Identifica e alerta sobre mudanças significativas nas classificações, como flutuações inesperadas ou quedas no desempenho.

- **Identificação de Padrões**: Analisa padrões de comportamento em rankings para entender como fatores sazonais, atualizações de algoritmos e outras variáveis afetam o desempenho.

3. Previsão e Simulação

A IA pode prever como mudanças específicas podem impactar as classificações e simular diferentes cenários para ajudar na tomada de decisões.

- **Previsão de Impacto**: Utiliza dados históricos e algoritmos preditivos para estimar o impacto de mudanças no conteúdo, estrutura do site ou estratégias de SEO nas classificações futuras.

- **Simulação de Cenários**: Permite a simulação de diferentes cenários de SEO para entender como alterações específicas podem influenciar as classificações.

4. Análise Competitiva

Os algoritmos de IA não só rastreiam as classificações das suas próprias páginas, mas também podem analisar as classificações dos concorrentes.

- **Comparação de Rankings**: Compara as classificações de palavras-chave entre seu site e os sites concorrentes, oferecendo insights sobre a competitividade e áreas para melhoria.

- **Análise de Estratégias**: Avalia as estratégias de SEO dos concorrentes para identificar práticas bem-sucedidas e oportunidades para aprimorar suas próprias táticas.

5. Segmentação e Personalização

A IA permite a segmentação detalhada e a personalização dos dados de rastreamento para atender às necessidades específicas de análise.

- **Segmentação de Palavras-Chave**: Oferece a capacidade de rastrear e analisar palavras-chave específicas por segmento, como localização geográfica, dispositivo ou tipo de consulta.

88

- **Relatórios Personalizados**: Gera relatórios personalizados com base em métricas específicas e requisitos do usuário, facilitando a análise e a tomada de decisões informadas.

6. Integração com Outras Ferramentas de SEO

A integração com outras ferramentas e plataformas de SEO aprimora a eficácia do rastreamento de classificações.

- **Integração com Google Analytics**: Combina dados de rastreamento de classificações com métricas de Google Analytics para obter uma visão mais completa do desempenho do site.

- **Integração com Ferramentas de SEO**: Sincroniza dados de rastreamento com ferramentas de SEO como SEMrush, Ahrefs ou Moz para obter insights adicionais e recomendações de otimização.

7. Detecção de Problemas Técnicos

Algoritmos de IA podem identificar problemas técnicos que afetam as classificações, como problemas de SEO on-page ou erros de rastreamento.

89

- **Diagnóstico de Problemas**: Detecta problemas técnicos que podem estar impactando negativamente as classificações, como erros de rastreamento, problemas de indexação ou conteúdo duplicado.

- **Sugestões de Correção**: Fornece recomendações para corrigir problemas técnicos e otimizar o desempenho das páginas.

O rastreamento de classificações com algoritmos de IA oferece uma abordagem mais avançada e precisa para monitorar o desempenho das páginas nos resultados de busca. Ao automatizar o rastreamento, analisar tendências e padrões, prever impactos, realizar análises competitivas e integrar dados com outras ferramentas de SEO, a IA proporciona insights valiosos e permite ajustes informados nas estratégias de SEO. Utilizar a IA para rastrear e analisar classificações é essencial para otimizar o desempenho do site e manter a competitividade no ambiente digital.

2.3.2 Previsão de Tendências em Resultados de Pesquisa

90

A previsão de tendências em resultados de pesquisa é uma aplicação avançada da inteligência artificial (IA) que permite antecipar mudanças e otimizar estratégias de SEO com base em análises preditivas. A capacidade de prever tendências é crucial para se adaptar rapidamente às mudanças no comportamento dos usuários e nos algoritmos dos motores de busca. Vamos explorar como a IA está sendo utilizada para prever tendências e como isso pode beneficiar sua estratégia de SEO.

1. Análise de Dados Históricos

A IA utiliza dados históricos para identificar padrões e prever tendências futuras.

- **Análise de Tendências Passadas**: Algoritmos de IA analisam dados históricos de rankings e consultas para identificar padrões e mudanças de longo prazo.

- **Identificação de Padrões Sazonais**: Detecta padrões sazonais que podem afetar o desempenho das páginas, ajudando a antecipar mudanças no tráfego e na demanda.

2. Modelos Preditivos

Modelos preditivos baseados em IA ajudam a antecipar como as tendências de pesquisa podem evoluir.

- **Algoritmos de Machine Learning**: Utilizam técnicas de machine learning para criar modelos preditivos que estimam como as classificações e o comportamento dos usuários podem mudar com base em dados históricos e variáveis atuais.

- **Previsão de Volume de Pesquisa**: Estimam as mudanças no volume de pesquisas para palavras-chave específicas, permitindo ajustar as estratégias de conteúdo e SEO.

3. Análise de Dados em Tempo Real

A análise de dados em tempo real permite uma resposta rápida às mudanças nas tendências de pesquisa.

- **Monitoramento de Tendências Emergentes**: Ferramentas de IA monitoram continuamente as tendências emergentes e as mudanças nos padrões de busca para fornecer informações atualizadas sobre como as tendências estão evoluindo.

- **Detecção de Alterações Rápidas**: Identifica alterações rápidas no comportamento de pesquisa ou nas atualizações de algoritmos dos motores de busca, permitindo ajustes ágeis nas estratégias.

4. Análise de Concorrência

A IA pode prever como as estratégias dos concorrentes podem impactar suas classificações e quais tendências estão influenciando o mercado.

- **Monitoramento de Concorrentes**: Analisa as estratégias de SEO e o desempenho dos concorrentes para identificar novas tendências e oportunidades de mercado.

- **Identificação de Oportunidades**: Oferece insights sobre como as mudanças nas estratégias dos concorrentes podem criar oportunidades para melhorar o desempenho do seu site.

5. Integração com Ferramentas de SEO

Integrar a previsão de tendências com ferramentas de SEO proporciona uma visão mais completa e estratégica.

93

- **Integração com Google Trends**: Utiliza dados do Google Trends para identificar e prever tendências de pesquisa em tempo real.

- **Ferramentas de SEO Avançadas**: Ferramentas como SEMrush, Ahrefs e Moz incorporam capacidades preditivas baseadas em IA para fornecer insights sobre futuras tendências e mudanças de mercado.

6. Previsão de Impactos de Algoritmos

A IA pode prever o impacto das atualizações de algoritmos dos motores de busca nas classificações e no tráfego.

- **Análise de Atualizações de Algoritmos**: Avalia como as mudanças nos algoritmos dos motores de busca podem afetar o desempenho das páginas e ajusta as estratégias de SEO conforme necessário.

- **Simulação de Impactos**: Simula o impacto potencial de diferentes cenários de atualização de algoritmo para preparar estratégias de mitigação e ajuste.

7. Segmentação de Audiência e Personalização

A previsão de tendências pode ser utilizada para segmentar audiências e personalizar o conteúdo de acordo com as mudanças nas preferências dos usuários.

- **Análise de Comportamento do Usuário**: Identifica mudanças nas preferências e comportamentos dos usuários para personalizar o conteúdo e as estratégias de marketing.

- **Criação de Conteúdo Personalizado**: Ajusta o conteúdo com base nas tendências emergentes e nas necessidades específicas da audiência, aumentando a relevância e o engajamento.

A previsão de tendências em resultados de pesquisa utilizando inteligência artificial permite que as empresas se adaptem rapidamente às mudanças no mercado e otimizem suas estratégias de SEO de maneira mais eficaz. Ao analisar dados históricos, utilizar modelos preditivos, monitorar dados em tempo real, avaliar a concorrência, integrar ferramentas de SEO, prever impactos de algoritmos e personalizar o conteúdo, as empresas podem antecipar mudanças e melhorar seu

95

desempenho nos resultados de busca. Implementar essas técnicas de previsão de tendências é essencial para manter uma vantagem competitiva e otimizar a presença online.

Capítulo 3: Estratégias de Redes Sociais com IA

3.1 Análise de Sentimento e Monitoramento de Redes Sociais

A análise de sentimento e o monitoramento de redes sociais são componentes cruciais para entender a percepção pública e ajustar as estratégias de marketing em redes sociais. Com o avanço da inteligência artificial (IA), essas práticas têm se tornado mais sofisticadas e eficazes. Abaixo, exploramos como a IA está transformando a análise de sentimento e o monitoramento de redes sociais, e como essas tecnologias podem ser usadas para otimizar suas estratégias.

1. O Que é Análise de Sentimento?

A análise de sentimento é uma técnica que utiliza algoritmos de IA para identificar e extrair opiniões e emoções a partir de

96

textos. No contexto das redes sociais, isso envolve entender como os usuários se sentem em relação a uma marca, produto, serviço ou tópico específico.

- **Classificação de Sentimentos**: Identifica sentimentos positivos, negativos ou neutros em postagens, comentários e menções nas redes sociais.

- **Análise de Emoções**: Vai além da classificação básica para identificar emoções específicas como alegria, raiva, tristeza ou surpresa.

2. Como a IA Realiza a Análise de Sentimento

A IA utiliza técnicas avançadas de processamento de linguagem natural (NLP) e machine learning para realizar a análise de sentimento de forma eficiente e precisa.

- **Modelos de NLP**: Algoritmos de NLP, como BERT (Bidirectional Encoder Representations from Transformers) e GPT (Generative Pre-trained Transformer), são usados para entender o contexto e o significado das palavras e frases em postagens e comentários.

97

- **Treinamento de Modelos**: Modelos de machine learning são treinados com grandes volumes de dados para identificar padrões de sentimento e ajustar as análises conforme o contexto.

3. Benefícios da Análise de Sentimento nas Redes Sociais

A análise de sentimento oferece uma série de benefícios para empresas e marcas ao monitorar as redes sociais.

- **Compreensão da Percepção da Marca**: Permite entender como a marca é percebida pelos consumidores, identificando áreas de sucesso e pontos de melhoria.

- **Identificação de Problemas e Oportunidades**: Detecta rapidamente problemas emergentes ou oportunidades de engajamento, permitindo ações proativas.

- **Acompanhamento de Campanhas**: Avalia o impacto de campanhas de marketing e promoções ao medir a resposta emocional dos usuários.

4. Monitoramento de Redes Sociais com IA

O monitoramento de redes sociais envolve a coleta e análise de dados em tempo real sobre menções, interações e tendências. A

98

IA facilita esse processo ao automatizar a coleta e análise de dados.

- **Rastreamento de Menções**: Ferramentas de IA monitoram menções de marcas, produtos e tópicos específicos em várias plataformas de redes sociais, fornecendo dados em tempo real.

- **Análise de Tendências**: Identifica tendências emergentes e tópicos populares com base em volumes de menções e interações, ajudando a adaptar estratégias de marketing.

5. Como a IA Facilita o Monitoramento de Redes Sociais

A IA permite um monitoramento mais eficaz e abrangente das redes sociais, proporcionando insights valiosos para a gestão de marca e estratégias de marketing.

- **Automação da Coleta de Dados**: Ferramentas de IA automatizam a coleta de dados de várias redes sociais, economizando tempo e recursos.

- **Análise em Tempo Real**: Oferece análises em tempo real sobre o desempenho das postagens e interações, permitindo ajustes rápidos nas estratégias.

- **Detecção de Tendências e Anomalias**: Identifica tendências emergentes e anomalias no comportamento dos usuários, ajudando a reagir a mudanças no mercado.

6. Integração com Outras Ferramentas de Marketing

Integrar a análise de sentimento e o monitoramento de redes sociais com outras ferramentas de marketing pode fornecer uma visão mais completa e estratégica.

- **Integração com CRM**: Vincula insights de sentimento e monitoramento com dados de CRM para uma compreensão mais completa das preferências e comportamentos dos clientes.

- **Análise de Performance de Campanhas**: Avalia a eficácia das campanhas publicitárias nas redes sociais, correlacionando dados de sentimento com métricas de desempenho.

7. Desafios e Considerações

100

Apesar dos avanços, existem desafios na análise de sentimento e no monitoramento de redes sociais com IA.

- **Ambiguidade Linguística**: A linguagem natural pode ser ambígua e complexa, tornando a análise de sentimento desafiadora.

- **Privacidade e Ética**: O monitoramento de dados nas redes sociais deve ser feito com respeito à privacidade dos usuários e de acordo com as regulamentações legais.

A análise de sentimento e o monitoramento de redes sociais com inteligência artificial oferecem uma compreensão mais profunda e precisa das percepções dos consumidores e das tendências do mercado. Ao utilizar técnicas avançadas de NLP e machine learning, as empresas podem obter insights valiosos sobre a percepção da marca, identificar oportunidades e problemas emergentes, e otimizar suas estratégias de marketing nas redes sociais. Integrar essas práticas com outras ferramentas de marketing e lidar com os desafios de forma ética e precisa são passos essenciais para maximizar os benefícios da IA no gerenciamento de redes sociais.

101

3.1.1 Como a IA Captura e Interpreta Sentimentos em Redes Sociais

A captura e interpretação de sentimentos em redes sociais é uma aplicação avançada da inteligência artificial (IA) que visa entender como os usuários se sentem em relação a marcas, produtos ou tópicos específicos. Essa análise é crucial para ajustar estratégias de marketing, melhorar a percepção da marca e responder a problemas de forma proativa. Vamos explorar como a IA realiza essa tarefa com eficácia.

1. Processamento de Linguagem Natural (NLP)

O Processamento de Linguagem Natural (NLP) é a base da análise de sentimentos, permitindo que a IA compreenda e interprete a linguagem humana.

- **Tokenização e Limpeza de Texto**: A IA começa com a tokenização, que divide o texto em palavras ou frases individuais, e a limpeza de texto para remover elementos desnecessários como URLs, hashtags e caracteres especiais.

- **Análise Sintática e Semântica**: A análise sintática examina a estrutura gramatical do texto, enquanto a análise semântica interpreta o significado das palavras e frases, identificando o contexto e as nuances.

102

2. Modelos de Machine Learning

Modelos de machine learning são treinados para classificar e interpretar sentimentos com base em grandes volumes de dados.

- **Treinamento com Dados Rotulados**: Modelos são treinados usando conjuntos de dados rotulados, onde os sentimentos (positivos, negativos, neutros) são previamente identificados. Isso permite que o modelo aprenda a associar padrões de texto com sentimentos específicos.

- **Algoritmos de Classificação**: Algoritmos como Regressão Logística, Máquinas de Vetores de Suporte (SVM) e Redes Neurais são utilizados para classificar sentimentos em novas postagens e comentários.

3. Análise de Emoções

A IA vai além da simples classificação de sentimentos para identificar emoções específicas.

- **Reconhecimento de Emoções**: Utiliza técnicas avançadas para identificar emoções como alegria, raiva, tristeza, surpresa, entre outras, com base no contexto e nas expressões textuais.

- **Análise de Intensidade**: Avalia a intensidade das emoções expressas, distinguindo entre uma leve insatisfação e uma forte raiva, por exemplo.

4. Detecção de Sarcasmo e Ironia

O sarcasmo e a ironia podem distorcer a interpretação dos sentimentos, representando um desafio para a IA.

- **Modelos Avançados de NLP**: Algoritmos mais sofisticados são treinados para detectar sarcasmo e ironia, analisando padrões de linguagem e contexto para interpretar corretamente as intenções.

- **Contextualização**: Considera o contexto em que uma expressão é usada para diferenciar entre uma crítica sarcástica e uma opinião genuína.

5. Análise de Contexto e Tema

O contexto e o tema do texto são cruciais para uma interpretação precisa dos sentimentos.

- **Contextualização de Texto**: A IA avalia o contexto em que as palavras são usadas, considerando a conversa anterior e o contexto geral da postagem.

- **Identificação de Temas**: Identifica temas ou tópicos principais nas discussões para entender melhor o sentimento em relação a aspectos específicos de um produto ou marca.

6. Integração com Outras Fontes de Dados

A análise de sentimentos é mais eficaz quando integrada com outras fontes de dados.

- **Análise de Imagens e Vídeos**: Em algumas plataformas, a IA pode analisar imagens e vídeos associados às postagens para captar o contexto visual e emocional.

104

- **Dados Demográficos**: Combina insights de sentimento com dados demográficos para entender melhor as percepções de diferentes grupos de usuários.

7. Aplicação de Feedback e Aprendizado Contínuo

Os modelos de IA são constantemente ajustados e melhorados com base no feedback e novos dados.

- **Ajustes de Modelo**: Modelos são refinados com dados novos e feedback contínuo para melhorar a precisão da análise de sentimentos.

- **Aprendizado Contínuo**: Utiliza técnicas de aprendizado contínuo para adaptar-se a mudanças na linguagem e no comportamento dos usuários.

A IA captura e interpreta sentimentos em redes sociais por meio de técnicas avançadas de Processamento de Linguagem Natural (NLP), machine learning e análise de emoções. Ao utilizar modelos de classificação, identificar sarcasmo e ironia, analisar o contexto e integrar diversas fontes de dados, a IA oferece uma compreensão profunda e precisa das percepções dos usuários. Essas capacidades permitem às empresas monitorar eficazmente a percepção da marca, responder a feedbacks e ajustar estratégias de marketing com base em insights valiosos.

3.1.2 Ferramentas de IA para Monitoramento de Mídias Sociais

O monitoramento de mídias sociais é uma prática essencial para entender o desempenho da marca, detectar tendências emergentes e gerenciar a reputação online. As ferramentas de IA aprimoram significativamente essa prática, oferecendo análises mais profundas, eficientes e automatizadas. Vamos explorar algumas das principais ferramentas de IA para monitoramento de mídias sociais e suas funcionalidades.

1. Plataformas de Análise de Sentimento

Essas ferramentas utilizam IA para analisar o sentimento de postagens, comentários e menções nas redes sociais.

- **Brandwatch**: Oferece análise de sentimento avançada, identificando emoções e opiniões sobre marcas e produtos em várias plataformas sociais. Utiliza machine learning para interpretar contextos complexos e detectar sarcasmo.

- **Talkwalker**: Fornece análise de sentimento em tempo real e identifica tendências de mercado. Inclui recursos para monitorar sentimentos em diferentes idiomas e ajustar a análise conforme necessário.

2. Ferramentas de Monitoramento de Menções

Essas ferramentas rastreiam e analisam menções de marcas e tópicos específicos nas redes sociais.

- **Mention**: Monitora menções de marcas, produtos e tópicos em diversas plataformas sociais e sites de notícias. Utiliza IA para identificar e categorizar menções relevantes.

- **Hootsuite Insights**: Integrado ao Hootsuite, oferece monitoramento de menções e análise de sentimentos com base em dados em tempo real. Inclui relatórios e alertas personalizados.

3. Análise de Tendências e Influenciadores

Essas ferramentas identificam tendências emergentes e influenciadores relevantes para sua marca.

- **BuzzSumo**: Utiliza IA para analisar tendências de conteúdo e identificar influenciadores no setor. Fornece insights sobre o desempenho de postagens e tópicos populares.

- **Traackr**: Foca na identificação e gestão de influenciadores. Utiliza IA para analisar o impacto e a relevância de influenciadores em campanhas de marketing e monitorar suas atividades.

4. Ferramentas de Análise Competitiva

Essas ferramentas ajudam a comparar o desempenho da sua marca com o de concorrentes.

- **Socialbakers**: Oferece análise competitiva detalhada, comparando métricas de engajamento, sentimento e desempenho de campanhas com os concorrentes. Inclui relatórios de benchmarking e insights estratégicos.

- **Quintly**: Fornece análises comparativas de redes sociais, permitindo avaliar o desempenho em relação aos concorrentes e identificar áreas para melhoria.

5. Monitoramento de Tendências em Tempo Real

Essas ferramentas monitoram tendências e tópicos emergentes em tempo real para uma resposta rápida.

- **Google Trends**: Embora não seja exclusivamente uma ferramenta de mídias sociais, fornece dados sobre

108

tendências de pesquisa que podem ser correlacionados com atividades nas redes sociais.

- **Sprout Social**: Oferece monitoramento em tempo real das redes sociais, identificando tendências e tópicos populares e permitindo ajustes rápidos nas estratégias.

6. Ferramentas de Análise de Dados e Relatórios

Essas ferramentas geram relatórios detalhados e análises baseadas em dados coletados das redes sociais.

- **HubSpot**: Inclui ferramentas de análise e relatórios que integram dados de redes sociais com outras métricas de marketing. Utiliza IA para gerar insights sobre desempenho e engajamento.

- **Synthesio**: Oferece análises profundas e relatórios personalizados com base em dados de redes sociais, incluindo análise de sentimento e tendências.

7. Automação e Respostas

Essas ferramentas utilizam IA para automatizar respostas e interações nas redes sociais.

- **Chatbots e Assistentes Virtuais**: Ferramentas como ManyChat e MobileMonkey utilizam IA para automatizar interações com os usuários e responder a perguntas frequentes de forma eficiente.

- **Zendesk**: Oferece automação de atendimento ao cliente em redes sociais, utilizando IA para fornecer respostas rápidas e resolver problemas.

As ferramentas de IA para monitoramento de mídias sociais proporcionam uma visão abrangente e detalhada das interações online, oferecendo análises de sentimento, rastreamento de menções, identificação de tendências e influenciadores, análise competitiva, e geração de relatórios. Ao integrar essas ferramentas em suas estratégias de marketing, as empresas podem obter insights valiosos, responder rapidamente a mudanças e otimizar sua presença nas redes sociais de maneira mais eficaz.

3.2 Automação de Publicações e Engajamento

A automação de publicações e engajamento pode ser uma ferramenta poderosa para otimizar a presença online e aumentar a eficiência das suas atividades digitais.

3.2.1 IA no Agendamento de Conteúdo e Interações

1. Agendamento de Conteúdo

- **Planejamento Automático**: Algoritmos de IA podem analisar dados sobre o desempenho anterior de suas postagens e prever os melhores horários para publicar novos conteúdos. Isso ajuda a maximizar o alcance e a visibilidade.

- **Geração de Conteúdo**: Ferramentas de IA podem auxiliar na criação de posts, desde sugestões de títulos até a redação completa, baseada em temas e palavras-chave relevantes para seu público-alvo.

- **Curadoria de Conteúdo**: A IA pode identificar e recomendar conteúdos relevantes de outras fontes para compartilhar, mantendo seu feed diversificado e atraente.

111

2. Interações Automatizadas

- **Respostas Automáticas**: Bots de IA podem responder automaticamente a perguntas frequentes e interações básicas, economizando tempo e garantindo uma resposta rápida aos seguidores.

- **Análise de Sentimento**: A IA pode monitorar e analisar o sentimento das interações em suas redes sociais, ajudando a identificar tendências, sentimentos positivos ou negativos e ajustar sua estratégia de engajamento conforme necessário.

- **Segmentação e Personalização**: Com base nos dados dos usuários, a IA pode personalizar interações e campanhas, enviando mensagens direcionadas a grupos específicos com base em seu comportamento e preferências.

3. Análise e Otimização

- **Relatórios e Insights**: A IA pode gerar relatórios detalhados sobre o desempenho de suas publicações e

A Revolução da IA no Marketing Digital

interações, fornecendo insights sobre o que está funcionando e o que precisa ser ajustado.

- **Ajustes em Tempo Real**: Algumas ferramentas de IA permitem ajustes dinâmicos em suas estratégias de publicação e engajamento com base no desempenho em tempo real, permitindo uma resposta ágil às mudanças no comportamento dos usuários.

Ferramentas Recomendadas

- **Hootsuite**: Para agendamento e gerenciamento de várias contas de redes sociais.

- **Buffer**: Para planejamento e análise de conteúdo.

- **ChatGPT**: Para criação e resposta automatizada de conteúdos e interações.

- **Sprout Social**: Para monitoramento e análise de engajamento em redes sociais.

A implementação eficaz dessas tecnologias pode ajudar a economizar tempo, melhorar a eficiência e aumentar o impacto das suas atividades digitais.

113

3.2.2 Bots e IA para Atendimento ao Cliente nas Redes Sociais

1. Tipos de Bots e Soluções de IA

- **Chatbots Simples**: Programados para responder a perguntas frequentes e fornecer informações básicas. São úteis para consultas comuns e para direcionar os usuários para os recursos apropriados.

- **Chatbots Avançados**: Utilizam IA para compreender e processar linguagem natural, permitindo interações mais complexas e personalizadas. Podem resolver problemas mais elaborados e adaptar suas respostas com base no contexto da conversa.

- **Assistentes Virtuais**: Oferecem um atendimento mais sofisticado, com capacidade para realizar tarefas específicas, como agendamento de compromissos, processamento de pedidos ou fornecimento de recomendações.

2. Benefícios dos Bots e da IA no Atendimento ao Cliente

114

- **Disponibilidade 24/7**: Os bots podem oferecer suporte contínuo, sem limitações de horário, garantindo que os clientes possam obter respostas e assistência a qualquer momento.

- **Respostas Imediatas**: Reduzem o tempo de espera para os clientes, proporcionando respostas instantâneas e melhorando a experiência geral.

- **Eficiência Operacional**: Automatizam tarefas repetitivas e liberam a equipe de atendimento para focar em questões mais complexas, aumentando a eficiência operacional.

- **Consistência no Atendimento**: Garantem que as respostas sejam consistentes e precisas, seguindo os mesmos padrões de atendimento.

- **Análise de Dados**: Coletam e analisam dados das interações para fornecer insights sobre o comportamento dos clientes, identificar problemas recorrentes e melhorar continuamente o serviço.

3. Implementação e Melhores Práticas

- **Definição de Objetivos**: Estabeleça claramente o que você deseja alcançar com o uso de bots e IA, como redução do tempo de resposta, aumento da satisfação do cliente ou redução de custos operacionais.

- **Treinamento e Ajustes**: Treine os bots com dados relevantes e ajuste suas respostas com base no feedback dos usuários para melhorar a precisão e a relevância das interações.

- **Integração com Sistemas Existentes**: Assegure que os bots estejam integrados com seus sistemas de CRM e outras ferramentas para oferecer um atendimento mais coeso e eficiente.

- **Humanização das Interações**: Embora a automação seja útil, é importante garantir que os clientes possam facilmente escalar a conversa para um atendente humano quando necessário para resolver questões mais complexas.

- **Monitoramento e Avaliação**: Monitore o desempenho dos bots e da IA, avalie a satisfação dos clientes e faça ajustes conforme necessário para otimizar o atendimento.

Ferramentas Recomendadas

- **ManyChat**: Para criar chatbots para Facebook Messenger e outras plataformas.

- **Zendesk Answer Bot**: Para fornecer suporte automatizado e resolver problemas comuns.

- **Drift**: Para chatbots de vendas e suporte que utilizam IA para engajamento em tempo real.

- **Intercom**: Para um sistema de mensagens que combina bots com atendimento ao cliente humano.

A adoção eficaz de bots e IA no atendimento ao cliente pode melhorar significativamente a experiência dos usuários e otimizar as operações, tornando seu serviço mais ágil e responsivo.

3.3 Publicidade em Redes Sociais Guiada por IA

3.3.1 Segmentação Avançada com IA

1. Análise de Dados em Tempo Real

- **Coleta de Dados**: A IA pode coletar e analisar grandes volumes de dados dos usuários em tempo real, como comportamento de navegação, histórico de compras, interações em redes sociais e preferências pessoais.

- **Perfis de Consumidores**: Com base nesses dados, a IA constrói perfis detalhados de consumidores, identificando padrões e características comuns entre diferentes segmentos de público.

- **Detecção de Tendências**: Através da análise preditiva, a IA pode identificar tendências emergentes e mudanças no comportamento do consumidor, permitindo que as campanhas sejam ajustadas em tempo real para melhor atender às expectativas do público.

2. Segmentação Dinâmica

- **Microsegmentação**: A IA permite segmentar o público em grupos muito específicos, baseados em critérios

118

como localização, interesses, comportamento online e até mesmo momentos de vida, como casamento, gravidez ou mudança de emprego.

- **Personalização de Anúncios**: Com a segmentação avançada, os anúncios podem ser altamente personalizados para diferentes grupos de usuários, aumentando a relevância e a eficácia da campanha.

- **Retargeting Inteligente**: A IA pode identificar usuários que demonstraram interesse em um produto ou serviço, mas não concluíram uma ação (como uma compra), e direcionar anúncios específicos para incentivá-los a completar a transação.

3. Otimização e Automação de Campanhas

- **Automatização de Lances**: Algoritmos de IA podem ajustar automaticamente os lances de anúncios em tempo real, garantindo que o orçamento seja utilizado de maneira eficiente para maximizar o ROI (Retorno sobre Investimento).

119

- **Testes A/B Automatizados**: A IA pode executar e analisar múltiplas versões de anúncios simultaneamente, determinando rapidamente quais criativos, textos e formatos funcionam melhor para diferentes segmentos.

- **Ajustes em Tempo Real**: Com a capacidade de análise contínua, a IA pode ajustar as campanhas publicitárias em tempo real, modificando os anúncios com base no desempenho e nas respostas dos usuários.

4. Previsão de Resultados e Insights

- **Previsão de Desempenho**: A IA pode prever o desempenho de campanhas futuras com base em dados históricos e padrões de comportamento, ajudando a planejar campanhas mais eficazes.

- **Geração de Insights**: Ferramentas de IA podem fornecer insights detalhados sobre quais segmentos de público estão respondendo melhor aos anúncios, quais criativos são mais eficazes, e como otimizar futuras campanhas.

Ferramentas Recomendadas

120

- **Facebook Ads Manager**: Utiliza IA para oferecer segmentação detalhada e otimização de campanhas em tempo real.

- **Google Ads**: Fornece segmentação baseada em IA para anúncios de pesquisa, display e YouTube.

- **HubSpot**: Oferece ferramentas de publicidade e segmentação com insights gerados por IA.

- **AdEspresso by Hootsuite**: Facilita a criação e otimização de anúncios em redes sociais com segmentação avançada e testes A/B guiados por IA.

A segmentação avançada com IA não apenas melhora a precisão das campanhas publicitárias, mas também maximiza o impacto e o retorno sobre o investimento, tornando a publicidade nas redes sociais mais eficaz e personalizada.

3.3.2 Otimização de Anúncios Pagos com Algoritmos de IA

A otimização de anúncios pagos com algoritmos de IA é um componente essencial da publicidade digital moderna. Ela

121

permite que os anunciantes alcancem melhores resultados com menos esforço, ajustando continuamente as campanhas para maximizar o retorno sobre o investimento (ROI). Aqui está uma análise detalhada sobre esse tópico:

3.3.2 Otimização de Anúncios Pagos com Algoritmos de IA

1. Ajuste Automático de Lances

- **Lances Dinâmicos**: Algoritmos de IA ajustam automaticamente os lances em leilões de anúncios em tempo real, considerando fatores como concorrência, qualidade do anúncio, e probabilidade de conversão. Isso garante que o orçamento seja utilizado de maneira eficiente.

- **Maximização do ROI**: A IA pode identificar oportunidades para aumentar ou diminuir lances com base no comportamento do público-alvo e nas condições do mercado, garantindo que o anunciante pague o valor ideal por cada clique ou impressão.

- **Estratégias de Lances Inteligentes**: Ferramentas como Google Ads Smart Bidding utilizam algoritmos de IA para implementar estratégias de lances personalizadas, como maximizar cliques, conversões, ou valor de conversão, de acordo com os objetivos da campanha.

2. Personalização e Relevância de Anúncios

- **Criativos Adaptativos**: Algoritmos de IA podem criar variações de anúncios que se adaptam automaticamente ao público-alvo, alterando elementos como imagens, textos, e chamadas para ação para aumentar a relevância e a eficácia.

- **Segmentação Contextual**: A IA pode analisar o contexto em que o anúncio será exibido, como o conteúdo da página ou o dispositivo do usuário, para garantir que o anúncio seja exibido no momento certo e para a pessoa certa.

- **Testes A/B Contínuos**: Algoritmos de IA conduzem testes A/B de forma contínua, comparando diferentes versões de anúncios para determinar quais têm melhor desempenho e ajustando automaticamente as campanhas com base nos resultados.

123

3. Análise de Desempenho e Ajustes em Tempo Real

- **Monitoramento em Tempo Real**: A IA monitora constantemente o desempenho dos anúncios, identificando padrões e tendências que possam indicar a necessidade de ajustes. Isso permite que as campanhas sejam ajustadas de forma proativa, antes que o desempenho comece a declinar.

- **Otimização de Criativos e Canais**: A IA pode identificar quais criativos, formatos e canais de distribuição estão gerando os melhores resultados e redirecionar o orçamento e os esforços para esses elementos mais eficazes.

- **Prevenção de Desperdício de Orçamento**: Com algoritmos que identificam e eliminam rapidamente anúncios com baixo desempenho, a IA ajuda a evitar o desperdício de orçamento, garantindo que o dinheiro seja gasto apenas em anúncios que estão gerando resultados positivos.

4. Previsão e Planejamento de Campanhas

124

- **Modelagem Preditiva**: Utilizando dados históricos e padrões de comportamento, a IA pode prever o desempenho futuro das campanhas e sugerir ajustes para melhorar os resultados. Isso ajuda os anunciantes a planejar suas campanhas com maior precisão.

- **Insights Automatizados**: Ferramentas de IA geram insights detalhados sobre o comportamento do público, desempenho de anúncios e tendências do mercado, permitindo que os anunciantes façam decisões baseadas em dados concretos.

- **Ajustes de Orçamento**: Algoritmos de IA podem redistribuir automaticamente o orçamento entre diferentes campanhas ou canais, com base no desempenho e nas metas de conversão, garantindo a máxima eficiência do gasto publicitário.

Ferramentas Recomendadas

- **Google Ads Smart Bidding**: Utiliza IA para ajustar lances em tempo real e otimizar o desempenho das campanhas.

125

- **Facebook Ads Manager**: Oferece otimização automatizada de anúncios com base em IA, incluindo ajustes de lances e segmentação.

- **AdRoll**: Plataforma que utiliza IA para otimizar campanhas de retargeting e personalizar anúncios para diferentes segmentos de público.

- **Adobe Advertising Cloud**: Oferece uma solução de publicidade programática que utiliza IA para otimizar lances, criativos e segmentação.

A otimização de anúncios pagos com algoritmos de IA oferece aos anunciantes a capacidade de melhorar significativamente o desempenho de suas campanhas, reduzindo custos e aumentando a eficácia. Ao automatizar processos e ajustar campanhas em tempo real, a IA garante que os anúncios sejam exibidos para as pessoas certas, no momento certo, e com a mensagem certa.

Capítulo 4: Personalização de Marketing de Conteúdo com IA

4.1 Criação de Conteúdo com Inteligência Artificial

A criação de conteúdo com inteligência artificial (IA) está transformando a forma como as marcas e empresas geram e distribuem conteúdo para seus públicos. Com a capacidade de produzir conteúdo em escala e com personalização avançada, a IA está se tornando uma ferramenta essencial no marketing de conteúdo.

4.1.1 Redação e Geração de Conteúdo Automatizado

- **O que é Redação Automatizada?**: A redação automatizada envolve o uso de algoritmos de IA para gerar textos, artigos, postagens em blogs, descrições de produtos, e outros tipos de conteúdo textual. Essas ferramentas são capazes de produzir conteúdo a partir de dados estruturados ou de acordo com diretrizes específicas fornecidas pelos usuários.

- **Tipos de Conteúdo Gerado**: A IA pode ser usada para criar diversos tipos de conteúdo, incluindo notícias, relatórios financeiros, descrições de produtos, posts em redes sociais, e até mesmo e-mails personalizados.

127

2. Benefícios da Geração de Conteúdo Automatizado

- **Escalabilidade**: A IA permite a criação de grandes volumes de conteúdo em um curto espaço de tempo, ideal para empresas que precisam manter um fluxo constante de publicações.

- **Consistência**: Com a IA, é possível manter um tom de voz e estilo consistentes em todas as peças de conteúdo, independentemente do volume produzido.

- **Personalização em Massa**: Algoritmos de IA podem criar conteúdos altamente personalizados para diferentes segmentos de público, adaptando-se às preferências, comportamentos e históricos de cada usuário.

- **Redução de Custos e Tempo**: A automação da redação reduz a necessidade de recursos humanos para tarefas repetitivas, permitindo que as equipes de marketing se concentrem em estratégias mais criativas e complexas.

3. Tecnologias e Ferramentas para Redação Automatizada

- **Modelos de Linguagem Natural (NLP)**: Ferramentas como GPT-4 (o modelo no qual este texto é baseado) utilizam Processamento de Linguagem Natural (NLP) para entender e gerar textos que são coerentes e de alta qualidade, simulando a escrita humana.

- **Geração de Conteúdo Baseado em Dados**: Ferramentas como **Wordsmith** ou **Quill** utilizam IA para transformar dados brutos em narrativas escritas, como relatórios financeiros ou análises de desempenho.

128

- **Plataformas de Conteúdo**: Ferramentas como **Copy.ai**, **Writesonic**, e **Jasper** (antigo Jarvis) permitem que os profissionais de marketing gerem rapidamente cópias para anúncios, e-mails, descrições de produtos e muito mais.

4. Aplicações Práticas na Criação de Conteúdo

- **Blog Posts e Artigos**: A IA pode gerar esboços ou artigos completos com base em palavras-chave e tópicos fornecidos, permitindo que os criadores de conteúdo editem e adaptem rapidamente as peças para seus públicos.

- **E-mails Personalizados**: A IA pode redigir e-mails personalizados para grandes listas de contatos, adaptando a mensagem ao comportamento e às interações anteriores de cada destinatário.

- **Descrição de Produtos**: No e-commerce, a IA pode criar descrições de produtos detalhadas e atraentes, otimizadas para SEO e personalizadas para diferentes segmentos de clientes.

- **Conteúdo para Redes Sociais**: Ferramentas de IA podem gerar postagens para redes sociais que são otimizadas para engajamento, ajustando a linguagem e o tom para cada plataforma e público.

5. Limitações e Considerações Éticas

- **Qualidade e Originalidade**: Embora a IA seja capaz de gerar conteúdo de alta qualidade, ainda pode haver

129

limitações em termos de originalidade e criatividade. A intervenção humana é frequentemente necessária para refinar o conteúdo e garantir que ele esteja alinhado com a voz da marca.

- **Questões Éticas**: A automação da redação levanta questões sobre autenticidade e transparência. É importante que as empresas sejam claras sobre o uso de IA na criação de conteúdo, especialmente em setores onde a autenticidade é altamente valorizada.

- **Dependência da IA**: Uma dependência excessiva de ferramentas de IA pode levar a uma falta de criatividade e inovação, por isso é essencial equilibrar a automação com a contribuição humana.

Ferramentas Recomendadas

- **OpenAI GPT-4**: Para a geração de textos complexos e de alta qualidade em várias línguas e estilos.

- **Copy.ai**: Ideal para gerar conteúdo rápido e criativo para campanhas de marketing e publicidade.

- **Wordsmith**: Especializada em transformar dados em narrativas, ideal para relatórios e descrições de produtos.

- **Jasper**: Uma plataforma robusta para criar conteúdo longo e curto, desde posts em blogs até descrições de produtos.

A redação e geração de conteúdo automatizado com IA é uma evolução significativa no marketing de conteúdo, permitindo

130

que as marcas criem conteúdo mais rápido, em maior escala e com uma personalização mais profunda. No entanto, o equilíbrio entre automação e toque humano continua sendo crucial para manter a qualidade e a autenticidade do conteúdo.

4.1.2 IA na Criação de Conteúdos Visuais e Gráficos

A inteligência artificial (IA) está revolucionando a criação de conteúdos visuais e gráficos, permitindo que profissionais de marketing, designers e criadores de conteúdo desenvolvam imagens, vídeos, e gráficos de alta qualidade de maneira mais rápida e eficiente. Esta seção explora como a IA está sendo aplicada na criação de conteúdos visuais e gráficos e os benefícios que ela oferece.

1. Ferramentas de Criação de Imagens com IA

- **Geração de Imagens e Ilustrações**: A IA pode gerar imagens realistas ou estilizadas a partir de descrições textuais, permitindo a criação de ilustrações personalizadas sem a necessidade de habilidades avançadas em design. Ferramentas como **DALL-E** e **MidJourney** são exemplos de tecnologias que utilizam

131

IA para criar imagens únicas com base em descrições fornecidas pelo usuário.

- **Edição e Manipulação de Imagens**: Algoritmos de IA podem automatizar processos complexos de edição de imagens, como remoção de fundo, ajuste de cores, e aprimoramento de resolução. Ferramentas como **Adobe Photoshop** agora incorporam recursos baseados em IA, como o Adobe Sensei, que facilita edições rápidas e precisas.

- **Criação de Logos e Identidade Visual**: A IA pode gerar logos e identidades visuais personalizadas com base em inputs sobre a marca, cores preferidas, e estilo desejado. Ferramentas como **LogoMakr** e **Looka** utilizam IA para criar designs que capturam a essência da marca de forma rápida e acessível.

2. Produção de Vídeos e Animações Automatizados

- **Geração de Vídeos Curtos**: A IA pode criar vídeos curtos a partir de imagens, clipes e textos, ideal para conteúdos em redes sociais e campanhas de marketing. Ferramentas como **Lumen5** permitem transformar

132

postagens de blog ou scripts em vídeos envolventes com a ajuda da IA.

- **Animações Baseadas em IA**: Algoritmos de IA facilitam a criação de animações simples, como motion graphics e animações de texto, sem a necessidade de software de animação complexo. Ferramentas como **Animoto** e **Piktochart** tornam a criação de vídeos animados acessível a profissionais de marketing sem experiência em design.

- **Edição de Vídeos Automatizada**: A IA pode automatizar a edição de vídeos, identificando automaticamente os melhores clipes, aplicando transições e efeitos, e sincronizando o vídeo com trilhas sonoras. Ferramentas como **Magisto** utilizam IA para transformar vídeos brutos em produções finalizadas de forma eficiente.

3. Criação de Gráficos e Infográficos com IA

- **Design de Infográficos**: Ferramentas de IA podem gerar infográficos personalizados com base em dados fornecidos, criando representações visuais atraentes e

133

informativas. **Canva** e **Venngage** são exemplos de plataformas que permitem a criação de infográficos com o auxílio de IA, oferecendo sugestões de layout, cores e gráficos.

- **Visualização de Dados**: A IA pode transformar dados complexos em visualizações intuitivas e interativas, como gráficos de barras, linhas, e mapas de calor. Ferramentas como **Tableau** e **Power BI** utilizam IA para sugerir as melhores formas de visualizar dados com base no tipo e volume de informações.

- **Automatização de Gráficos de Mídia Social**: A IA facilita a criação de gráficos otimizados para redes sociais, ajustando automaticamente o tamanho, formato e design para diferentes plataformas. **Snappa** e **Crello** são ferramentas que utilizam IA para simplificar o design de conteúdos visuais adaptados a cada rede social.

4. Personalização de Conteúdos Visuais

- **Análise de Comportamento**: A IA pode personalizar conteúdos visuais com base no comportamento e preferências dos usuários. Por exemplo, e-mails

134

marketing podem incluir gráficos e imagens personalizados que correspondam aos interesses de cada destinatário.

- **Adaptação a Diferentes Plataformas**: A IA ajusta automaticamente o design e o layout dos conteúdos visuais para se adequar a diferentes plataformas, como websites, aplicativos móveis, e redes sociais, garantindo uma experiência consistente e otimizada para o usuário final.

5. Benefícios e Considerações Éticas

- **Acesso Democratizado ao Design**: A IA permite que mesmo aqueles sem habilidades em design possam criar conteúdos visuais de alta qualidade, democratizando o acesso a recursos criativos e reduzindo a dependência de profissionais especializados.

- **Eficiência e Escalabilidade**: A automação de processos criativos com IA permite a criação de grandes volumes de conteúdos visuais em um curto espaço de tempo, ideal para campanhas de marketing intensivas e para marcas que necessitam manter um fluxo constante de produção.

135

- **Desafios Éticos**: O uso de IA na criação de conteúdos visuais levanta questões éticas relacionadas à originalidade, autoria, e possíveis preconceitos incorporados nos algoritmos. É importante que os criadores de conteúdo sejam transparentes sobre o uso de IA e considerem os impactos éticos de sua utilização.

Ferramentas Recomendadas

- **DALL-E**: Para geração de imagens e ilustrações a partir de descrições textuais.

- **Adobe Photoshop com Sensei**: Para edição e manipulação de imagens com recursos de IA.

- **Canva**: Para criação de gráficos, infográficos e conteúdos visuais personalizados.

- **Lumen5**: Para geração de vídeos curtos e automatizados.

- **Magisto**: Para edição de vídeos automatizada com inteligência artificial.

A aplicação da IA na criação de conteúdos visuais e gráficos está permitindo que empresas e criadores de conteúdo produzam materiais visualmente atraentes de maneira mais rápida e personalizada, mantendo a qualidade e a relevância. Contudo, é essencial equilibrar a automação com a criatividade humana e estar atento às considerações éticas envolvidas.

4.2 Análise de Comportamento do Consumidor

A análise de comportamento do consumidor é uma área crucial do marketing, que visa entender como os consumidores interagem com as marcas e produtos. A inteligência artificial (IA) desempenha um papel vital ao permitir que as empresas coletem, analisem e interpretem grandes volumes de dados de maneira eficiente e precisa. A seguir, exploramos como a IA pode ser usada para analisar dados de navegação, proporcionando insights valiosos para a personalização de marketing e melhoria da experiência do cliente.

4.2.1 Uso de IA para Análise de Dados de Navegação

1. Coleta e Integração de Dados de Navegação

- **Fontes de Dados**: A IA pode coletar dados de navegação de várias fontes, como websites, aplicativos móveis, redes sociais, e-commerce e plataformas de email marketing. Esses dados incluem métricas como tempo de permanência, cliques, páginas visualizadas, movimentos do mouse, e interações com formulários.

- **Integração de Dados Multicanal**: Ferramentas de IA podem integrar dados de navegação de múltiplos canais, criando uma visão unificada do comportamento do usuário em diferentes plataformas. Isso permite que as empresas entendam o percurso completo do cliente e como ele interage com a marca em vários pontos de contato.

2. Análise Preditiva e Segmentação de Público

- **Identificação de Padrões de Comportamento**: A IA analisa grandes volumes de dados para identificar padrões de comportamento comuns entre diferentes grupos de usuários. Por exemplo, pode detectar que certos usuários tendem a abandonar carrinhos de

138

compras em determinadas etapas do processo ou que interagem mais com conteúdo visual do que com texto.

- **Segmentação Avançada**: Com base na análise de comportamento, a IA pode segmentar os consumidores em grupos específicos, como visitantes frequentes, novos usuários, ou clientes em risco de churn. Isso permite que as campanhas de marketing sejam mais direcionadas e personalizadas.

- **Análise Preditiva**: Através de algoritmos de aprendizado de máquina, a IA pode prever comportamentos futuros, como a probabilidade de um usuário fazer uma compra, interagir com um determinado conteúdo, ou se tornar um cliente recorrente. Isso ajuda as empresas a tomar decisões informadas sobre como engajar melhor os clientes.

3. Personalização em Tempo Real

- **Recomendações Personalizadas**: A IA pode usar dados de navegação para oferecer recomendações de produtos ou conteúdos em tempo real, ajustando as sugestões com base no comportamento atual e histórico do usuário. Isso

139

é comum em plataformas de e-commerce, onde a IA sugere produtos complementares ou similares com base nos interesses do cliente.

- **Otimização da Experiência do Usuário**: Com base na análise dos dados de navegação, a IA pode personalizar a experiência do usuário em um site ou aplicativo. Por exemplo, ela pode ajustar o layout da página, destacar ofertas específicas, ou alterar a ordem dos conteúdos apresentados para melhor atender às preferências do usuário.

- **A/B Testing Automatizado**: A IA pode conduzir testes A/B de forma automatizada, analisando como diferentes versões de páginas, chamadas para ação ou layouts afetam o comportamento do usuário. Com esses insights, as empresas podem otimizar continuamente a experiência do usuário para aumentar as taxas de conversão.

4. Detecção de Anomalias e Prevenção de Churn

- **Monitoramento de Comportamento Anômalo**: A IA pode detectar comportamentos que desviam do padrão

140

normal, como um súbito aumento na taxa de abandono de carrinho ou uma diminuição nas interações com conteúdos específicos. Isso permite que as empresas intervenham rapidamente para corrigir problemas que possam estar afetando a experiência do usuário.

- **Prevenção de Churn**: Através da análise de dados de navegação e comportamento, a IA pode identificar sinais de que um cliente está prestes a abandonar a marca (churn), como uma queda na frequência de visitas ou uma redução nas compras. Com esses insights, as empresas podem implementar estratégias de retenção, como ofertas personalizadas ou campanhas de reengajamento.

5. Ferramentas de Análise de Dados de Navegação Baseadas em IA

- **Google Analytics com IA**: Utiliza algoritmos de aprendizado de máquina para identificar insights ocultos nos dados de navegação e sugerir ações que podem melhorar o desempenho do site.

- **Hotjar**: Ferramenta que utiliza IA para analisar o comportamento do usuário através de mapas de calor, gravações de sessões e funis de conversão.

- **Mixpanel**: Oferece análise avançada de comportamento do usuário em aplicativos e websites, permitindo a segmentação e personalização com base nos dados de navegação.

- **Adobe Analytics com Sensei**: Plataforma que usa IA para fornecer insights detalhados sobre o comportamento do usuário, ajudando a otimizar campanhas e experiências de usuário.

6. Considerações Éticas e de Privacidade

- **Conformidade com Regulamentações**: O uso de IA na análise de dados de navegação deve estar em conformidade com regulamentações de privacidade, como o GDPR na Europa ou a LGPD no Brasil. É essencial que as empresas obtenham o consentimento do usuário antes de coletar e analisar seus dados.

142

- **Transparência com os Usuários**: As empresas devem ser transparentes sobre como os dados de navegação estão sendo utilizados e oferecer aos usuários a opção de controlar suas preferências de privacidade.

- **Evitar Discriminação Algorítmica**: Ao segmentar e personalizar conteúdo com IA, é importante garantir que os algoritmos não perpetuem preconceitos ou discriminem certos grupos de usuários.

O uso de IA para a análise de dados de navegação permite uma compreensão mais profunda do comportamento do consumidor, possibilitando a personalização em tempo real e a otimização contínua da experiência do usuário. No entanto, é crucial que as práticas de análise sejam conduzidas de maneira ética e em conformidade com as leis de privacidade.

4.2.2 Personalização Dinâmica de Conteúdo com Base em Dados

A personalização dinâmica de conteúdo é um processo que usa dados de comportamento e preferências do usuário, coletados

143

em tempo real, para adaptar e apresentar conteúdo relevante e personalizado a cada indivíduo. A inteligência artificial (IA) desempenha um papel central nesse processo, permitindo que as empresas ofereçam experiências altamente personalizadas em escala, aumentando o engajamento do usuário e a taxa de conversão.

1. Coleta de Dados para Personalização Dinâmica

- **Dados de Navegação**: A IA coleta e analisa dados de navegação em tempo real, como páginas visualizadas, tempo de permanência, interações com conteúdo, e cliques em links. Esses dados ajudam a entender as preferências e interesses do usuário, permitindo a personalização imediata do conteúdo.

- **Dados Demográficos e Contextuais**: Além dos dados comportamentais, a personalização dinâmica também pode usar informações demográficas (idade, localização, gênero) e contextuais (dispositivo usado, horário de acesso, local) para ajustar o conteúdo de acordo com o perfil do usuário.

- **Histórico de Compras e Interações**: A análise de compras anteriores, produtos visualizados, e interações passadas com a marca também contribui para a personalização do conteúdo, oferecendo recomendações mais precisas e relevantes.

2. Segmentação de Usuários em Tempo Real

- **Micro-Segmentação com IA**: A IA permite uma segmentação muito mais detalhada e precisa do que os métodos tradicionais. Em vez de agrupar os usuários em segmentos amplos, a IA pode criar micro-segmentos baseados em comportamentos específicos, como a frequência de visitas, preferências de conteúdo, ou padrão de compras.

- **Segmentos Dinâmicos**: A IA atualiza os segmentos de usuários em tempo real com base em novos dados de comportamento, garantindo que as personalizações sejam sempre relevantes e atuais. Por exemplo, se um usuário começa a demonstrar interesse em um novo produto, a IA pode reclassificá-lo em um segmento diferente e ajustar o conteúdo apresentado.

145

3. Personalização de Conteúdo em Diferentes Canais

- **Websites e Aplicativos**: A IA pode personalizar o conteúdo de websites e aplicativos móveis, ajustando elementos como banners, recomendações de produtos, e layout da página de acordo com o comportamento e preferências do usuário. Por exemplo, um e-commerce pode exibir diferentes produtos na página inicial com base no histórico de navegação do cliente.

- **E-mails e Notificações Push**: A personalização dinâmica também se aplica a campanhas de e-mail marketing e notificações push. A IA pode ajustar o conteúdo do e-mail (como ofertas, produtos sugeridos, ou artigos) com base no comportamento recente do usuário, aumentando as chances de engajamento.

- **Redes Sociais**: Em redes sociais, a IA pode personalizar anúncios e conteúdos patrocinados para se alinhar aos interesses e comportamentos dos usuários. Isso pode incluir ajustes no texto do anúncio, imagens, ou vídeos, tornando a mensagem mais relevante e atraente.

4. Benefícios da Personalização Dinâmica de Conteúdo

- **Aumento do Engajamento**: Conteúdos personalizados capturam a atenção do usuário de forma mais eficaz, aumentando as taxas de clique, tempo de permanência, e interações gerais com a marca.

- **Melhoria da Experiência do Usuário**: Ao adaptar o conteúdo às necessidades e preferências individuais, a personalização dinâmica melhora a experiência do usuário, tornando a navegação mais intuitiva e agradável.

- **Aumento nas Conversões**: Recomendando produtos ou serviços que correspondem aos interesses do usuário no momento certo, a personalização dinâmica pode aumentar significativamente as taxas de conversão, resultando em mais vendas e leads qualificados.

- **Fidelização de Clientes**: Experiências personalizadas ajudam a construir uma conexão mais forte com os clientes, promovendo a fidelidade e incentivando o retorno ao site ou aplicativo.

5. Desafios e Considerações Éticas

- **Privacidade e Consentimento**: Um dos principais desafios da personalização dinâmica é garantir que os dados dos usuários sejam coletados e utilizados de maneira ética e em conformidade com regulamentações de privacidade, como GDPR e LGPD. É essencial que as empresas obtenham o consentimento dos usuários e ofereçam transparência sobre como seus dados são usados.

- **Equilíbrio entre Personalização e Intrusão**: Embora a personalização possa melhorar a experiência do usuário, existe o risco de que ela seja percebida como invasiva. É importante encontrar um equilíbrio, garantindo que as personalizações sejam úteis e não pareçam excessivamente intrusivas.

- **Qualidade dos Dados**: A eficácia da personalização dinâmica depende da qualidade dos dados coletados. Dados incompletos ou imprecisos podem levar a personalizações erradas, prejudicando a experiência do usuário e a eficácia das campanhas.

Ferramentas Recomendadas para Personalização Dinâmica

148

- **Optimizely**: Plataforma que permite a personalização de websites e aplicativos em tempo real, ajustando o conteúdo com base no comportamento do usuário.

- **Dynamic Yield**: Oferece personalização dinâmica para e-commerce, permitindo que as marcas adaptem a experiência de compra de acordo com o perfil do cliente.

- **Evergage**: Plataforma de personalização que utiliza IA para adaptar conteúdos em websites, e-mails e aplicativos móveis em tempo real.

- **HubSpot**: Ferramenta de automação de marketing que permite a personalização de e-mails e campanhas com base no comportamento e preferências do usuário.

A personalização dinâmica de conteúdo com base em dados é uma poderosa estratégia para criar experiências mais relevantes e envolventes para os usuários. Quando implementada de maneira ética e eficaz, pode resultar em maiores níveis de engajamento, melhores taxas de conversão e uma maior fidelidade do cliente.

149

4.3 Recomendações Personalizadas de Conteúdo

As recomendações personalizadas de conteúdo são fundamentais para o marketing moderno, permitindo que as empresas ofereçam experiências mais relevantes e engajadoras para os usuários. Os algoritmos de recomendação, alimentados por inteligência artificial (IA), desempenham um papel crucial nesse processo, ajudando a prever e sugerir conteúdos que correspondem aos interesses e comportamentos individuais dos consumidores.

4.3.1 Algoritmos de Recomendação para Marketing de Conteúdo

1. Funcionamento dos Algoritmos de Recomendação

- **Filtragem Colaborativa**: Esse é um dos métodos mais comuns em sistemas de recomendação. A filtragem colaborativa sugere conteúdo com base nas preferências de usuários similares. Se um grupo de usuários com interesses semelhantes gostou de determinado conteúdo, o algoritmo recomendará esse conteúdo para outros usuários com padrões de comportamento parecidos.

- **Filtragem Baseada em Conteúdo**: Aqui, o foco está nas características do próprio conteúdo, como palavras-chave, tags, e categorias. O algoritmo analisa o que um usuário gostou anteriormente e recomenda conteúdo com atributos semelhantes. Por exemplo, se um usuário frequentemente lê artigos sobre marketing digital, o sistema recomendará mais conteúdos relacionados a esse tema.

- **Sistemas Híbridos**: Muitos sistemas de recomendação combinam a filtragem colaborativa e a filtragem baseada em conteúdo para fornecer sugestões mais precisas. Isso é útil porque supera as limitações de cada abordagem individual, oferecendo uma experiência de recomendação mais robusta.

- **Machine Learning e Deep Learning**: Algoritmos de machine learning e deep learning são usados para melhorar a precisão das recomendações ao aprender padrões complexos nos dados. Redes neurais profundas podem identificar relações sutis entre usuários e conteúdos, proporcionando recomendações que se tornam mais precisas ao longo do tempo, à medida que mais dados são analisados.

2. Aplicações no Marketing de Conteúdo

151

- **Recomendações em Websites e Blogs:** Algoritmos de recomendação podem sugerir artigos, vídeos, ou outros tipos de conteúdo que o usuário provavelmente achará interessante com base em seu histórico de navegação e interações. Isso aumenta o tempo de permanência no site e a probabilidade de conversões.

- **E-mails Personalizados:** No email marketing, recomendações personalizadas podem incluir artigos, produtos, ou ofertas relevantes para cada destinatário, com base em seu histórico de compras ou navegação. Isso pode melhorar significativamente as taxas de abertura e clique dos emails.

- **Plataformas de Streaming e Mídia Social:** Em plataformas como Netflix, YouTube, e Spotify, os algoritmos de recomendação são fundamentais para manter os usuários engajados, sugerindo continuamente novos conteúdos que correspondem ao seu gosto. No contexto de marketing, isso significa que as marcas podem manter os usuários consumindo seus conteúdos por mais tempo.

- **E-commerce:** No marketing de conteúdo para e-commerce, recomendações personalizadas ajudam a direcionar os consumidores para produtos que eles provavelmente comprarão, com base em seus comportamentos de navegação e compras anteriores.

152

Isso é comum em sites como Amazon, onde a personalização é fundamental para o sucesso.

3. Benefícios das Recomendações Personalizadas

- **Aumento do Engajamento**: Recomendações personalizadas capturam a atenção dos usuários ao apresentar conteúdo que é relevante para seus interesses, aumentando a probabilidade de que eles continuem a interagir com a marca.

- **Melhoria da Experiência do Usuário**: Ao fornecer conteúdo que é relevante e interessante, as recomendações personalizadas melhoram a experiência geral do usuário, tornando a navegação mais agradável e personalizada.

- **Maior Retenção e Fidelidade**: Quando os usuários recebem recomendações que correspondem ao que eles desejam, eles são mais propensos a retornar à plataforma ou serviço, aumentando a retenção e a fidelidade à marca.

- **Aumento das Conversões**: No contexto de e-commerce, recomendações precisas podem levar diretamente a um aumento nas vendas, pois os consumidores são expostos a produtos que correspondem às suas necessidades e desejos.

4. Desafios e Considerações Éticas

- **Bolhas de Filtro**: Um desafio dos sistemas de recomendação é o potencial para criar "bolhas de filtro", onde os usuários são expostos apenas a conteúdo que reforça suas opiniões existentes, limitando a diversidade de informações. Isso pode ser prejudicial em contextos onde a exposição a diferentes perspectivas é importante.

- **Privacidade e Consentimento**: A personalização de recomendações exige a coleta de dados pessoais, o que levanta preocupações sobre privacidade e conformidade com regulamentações como GDPR e LGPD. É essencial que as empresas obtenham consentimento claro dos usuários e sejam transparentes sobre como seus dados são utilizados.

- **Transparência Algorítmica**: Os sistemas de recomendação podem parecer como "caixas pretas", onde os usuários não entendem por que estão vendo determinado conteúdo. A falta de transparência pode gerar desconfiança, por isso, as empresas devem considerar formas de explicar as recomendações aos usuários.

Ferramentas e Tecnologias para Recomendações Personalizadas

- **Google Recommendations AI**: Oferece sistemas de recomendação personalizados usando machine learning para e-commerce, mídia e entretenimento.

154

- **Amazon Personalize**: Serviço de recomendação que utiliza IA para fornecer recomendações de conteúdo personalizadas e em tempo real.

- **Spotify Recommendations**: Utiliza machine learning para analisar os hábitos de escuta e sugerir músicas e playlists que correspondem ao gosto do usuário.

- **YouTube Recommendation System**: Algoritmo que recomenda vídeos com base no histórico de visualização e interação do usuário.

Os algoritmos de recomendação são uma ferramenta poderosa no marketing de conteúdo, ajudando a entregar experiências personalizadas que aumentam o engajamento, a satisfação e as conversões. No entanto, é importante usar essas tecnologias de maneira ética e transparente, garantindo que os usuários estejam no controle de suas experiências e que a privacidade seja respeitada.

4.3.2 IA e a Personalização em Tempo Real

A personalização em tempo real é uma das aplicações mais avançadas da inteligência artificial (IA) no marketing de conteúdo. Ela permite que as empresas ajustem instantaneamente o conteúdo, ofertas, e experiências de usuário com base em comportamentos e dados capturados no momento em que ocorrem. Essa capacidade de adaptar-se dinamicamente às necessidades e preferências dos consumidores em tempo real aumenta significativamente o engajamento, a satisfação do cliente e as taxas de conversão.

1. Como Funciona a Personalização em Tempo Real com IA

- **Coleta de Dados em Tempo Real**: A IA utiliza várias fontes de dados, como comportamento de navegação, cliques, histórico de compras, localização geográfica, e até mesmo interações anteriores com a marca para entender as intenções e preferências do usuário em tempo real.

- **Análise Imediata com Machine Learning**: Algoritmos de machine learning processam esses dados à medida que são capturados, identificando padrões e insights que podem ser usados para personalizar a experiência do usuário instantaneamente.

- **Adaptação Dinâmica do Conteúdo**: Com base na análise, a IA ajusta o conteúdo, como recomendações de

156

produtos, mensagens, layout do site, ou ofertas específicas, para alinhar com o comportamento e as necessidades do usuário naquele exato momento. Por exemplo, um visitante que mostra interesse em produtos de uma categoria específica pode ver ofertas ou conteúdos relacionados a essa categoria assim que acessa o site.

2. Aplicações da Personalização em Tempo Real

- **E-commerce e Recomendações de Produtos**: No e-commerce, a personalização em tempo real é usada para sugerir produtos que correspondem ao que o cliente está procurando naquele momento. Por exemplo, se um cliente está navegando em uma seção de roupas esportivas, a IA pode recomendar itens complementares, como tênis de corrida ou acessórios de ginástica.

- **Sites de Conteúdo e Mídia**: Plataformas de mídia e sites de conteúdo podem ajustar automaticamente quais artigos, vídeos, ou notícias são mostrados ao usuário, com base no que eles estão consumindo no momento.

Isso mantém os usuários engajados e aumenta o tempo de permanência no site.

- **E-mails e Notificações Push**: A personalização em tempo real permite que e-mails e notificações push sejam altamente direcionados. Por exemplo, um e-mail pode ser gerado automaticamente com ofertas de produtos que o usuário estava visualizando recentemente, incentivando-o a concluir uma compra.

- **Publicidade Programática**: A IA pode adaptar anúncios em tempo real com base no comportamento recente do usuário, como cliques em anúncios anteriores ou páginas visitadas. Isso aumenta a relevância e a eficácia dos anúncios, resultando em melhores taxas de conversão.

3. Benefícios da Personalização em Tempo Real

- **Relevância e Engajamento Aumentados**: Oferecer conteúdo e ofertas que são instantaneamente relevantes para o usuário aumenta significativamente o engajamento. O usuário sente que a experiência é feita sob medida para ele, o que melhora a percepção da marca e a probabilidade de conversão.

158

- **Experiência do Cliente Superior**: A capacidade de responder às necessidades e interesses do cliente em tempo real melhora a experiência do usuário, tornando a interação mais fluida e satisfatória.

- **Aumento das Vendas e Conversões**: A personalização em tempo real pode levar a um aumento direto nas vendas, pois os usuários são expostos a produtos e ofertas que estão mais propensos a comprar naquele momento específico.

- **Fidelização e Retenção de Clientes**: Experiências personalizadas que atendem às expectativas dos clientes em tempo real podem resultar em maior fidelidade à marca, uma vez que os consumidores tendem a retornar a plataformas que atendem consistentemente às suas necessidades.

4. Desafios e Considerações

- **Complexidade Técnica**: Implementar personalização em tempo real exige uma infraestrutura técnica robusta, capaz de processar grandes volumes de dados em tempo real e adaptar o conteúdo sem causar atrasos ou problemas de desempenho.

- **Privacidade e Segurança de Dados**: Coletar e processar dados em tempo real levanta questões de privacidade, e as empresas devem garantir que estejam em conformidade com regulamentações como GDPR e LGPD. Além disso, a segurança dos dados deve ser uma prioridade para proteger as informações dos usuários.

- **Equilíbrio entre Personalização e Intrusão**: Embora a personalização em tempo real seja poderosa, ela deve ser usada com cuidado para não parecer invasiva. É importante garantir que as recomendações e ajustes sejam percebidos como úteis, e não como uma invasão à privacidade do usuário.

Ferramentas e Tecnologias para Personalização em Tempo Real

- **Monetate**: Plataforma que permite a personalização em tempo real em sites de e-commerce, ajustando o conteúdo conforme o comportamento do usuário.

160

- **Dynamic Yield**: Oferece personalização em tempo real para e-commerce, incluindo recomendações de produtos, otimização de layout e conteúdo dinâmico.

- **Evergage**: Permite a personalização de websites, e-mails, e aplicativos em tempo real, adaptando a experiência de usuário com base em dados comportamentais.

- **Adobe Target**: Ferramenta que possibilita a personalização de experiências digitais em tempo real, com foco em otimização e segmentação precisa.

A personalização em tempo real, impulsionada pela IA, é uma estratégia poderosa para criar experiências de usuário mais relevantes e envolventes. Quando bem implementada, ela pode aumentar significativamente o engajamento, a satisfação do cliente e as taxas de conversão, embora exija um equilíbrio cuidadoso entre personalização e respeito à privacidade do usuário.

Capítulo 5: Previsão de Tendências e Análise de Dados

5.1 IA na Previsão de Tendências de Mercado

A previsão de tendências de mercado é um aspecto crucial para qualquer estratégia de marketing bem-sucedida. A inteligência artificial (IA), particularmente através do uso de machine learning, está transformando a maneira como as empresas identificam, analisam e antecipam essas tendências. Com a capacidade de processar grandes volumes de dados e identificar padrões complexos, a IA permite previsões mais precisas e acionáveis.

5.1.1 Machine Learning para Análise de Tendências

1. Fundamentos de Machine Learning na Previsão de Tendências

162

- **Processamento de Grandes Volumes de Dados**: O machine learning é capaz de analisar imensas quantidades de dados de diferentes fontes, incluindo redes sociais, transações comerciais, notícias, e comportamentos de consumidores. Isso permite que as empresas identifiquem padrões e tendências emergentes que seriam difíceis de detectar manualmente.

- **Modelos Preditivos**: Os algoritmos de machine learning utilizam dados históricos e atuais para construir modelos preditivos. Esses modelos ajudam as empresas a prever mudanças nas preferências dos consumidores, flutuações de mercado, e o surgimento de novas oportunidades ou ameaças. Por exemplo, um algoritmo pode prever quais produtos estarão em alta demanda em um determinado período com base em padrões sazonais e históricos de compra.

- **Aprendizado Contínuo**: Ao contrário dos métodos tradicionais, os modelos de machine learning podem melhorar continuamente suas previsões à medida que recebem novos dados. Isso significa que as previsões de tendências tornam-se mais precisas ao longo do tempo, à

163

medida que o sistema aprende com as mudanças no mercado e no comportamento do consumidor.

2. Aplicações de Machine Learning na Análise de Tendências

- **Análise de Sentimento e Mídias Sociais**: Algoritmos de machine learning podem analisar o sentimento expresso em posts de redes sociais, avaliações de produtos, e outros conteúdos gerados por usuários para prever tendências emergentes. Por exemplo, um aumento nos comentários positivos sobre um novo tipo de produto pode indicar uma tendência crescente.

- **Previsão de Demanda**: As empresas podem usar machine learning para prever a demanda por seus produtos ou serviços. Isso é particularmente útil em setores como o varejo e a manufatura, onde a precisão nas previsões pode otimizar os níveis de estoque e reduzir custos.

- **Identificação de Nichos de Mercado**: O machine learning pode ajudar a identificar nichos de mercado inexplorados, analisando dados de consumo para

164

descobrir grupos de consumidores com necessidades ou preferências específicas que não estão sendo atendidas.

- **Previsão de Ciclos de Vida de Produtos**: Analisando dados históricos, machine learning pode prever o ciclo de vida de produtos, desde o lançamento até a maturidade e declínio, ajudando as empresas a planejar o desenvolvimento de novos produtos ou a descontinuação de produtos antigos.

3. Benefícios do Uso de Machine Learning na Previsão de Tendências

- **Precisão Melhorada**: A capacidade do machine learning de analisar grandes volumes de dados e identificar padrões complexos leva a previsões de tendências mais precisas, o que pode ajudar as empresas a tomar decisões mais informadas.

- **Tomada de Decisão Proativa**: Com previsões mais confiáveis, as empresas podem ser proativas em vez de reativas, ajustando suas estratégias de marketing, produção, e vendas antes que as mudanças do mercado ocorram.

165

- **Redução de Riscos**: A previsão precisa de tendências permite que as empresas minimizem riscos, evitando investimentos em produtos ou mercados que estão em declínio e focando em áreas com potencial de crescimento.

- **Vantagem Competitiva**: Empresas que utilizam machine learning para prever tendências podem ganhar uma vantagem competitiva, sendo capazes de se adaptar rapidamente às mudanças do mercado e atender melhor às necessidades dos consumidores.

4. Desafios e Considerações ao Usar Machine Learning para Previsão de Tendências

- **Qualidade dos Dados**: A precisão dos modelos de machine learning depende da qualidade dos dados utilizados. Dados incompletos, desatualizados, ou enviesados podem levar a previsões imprecisas. Por isso, é essencial ter acesso a dados confiáveis e relevantes.

- **Interpretação de Resultados**: Embora os modelos de machine learning possam fornecer previsões poderosas, a interpretação dos resultados requer um entendimento

166

profundo do contexto do mercado. As previsões devem ser analisadas em conjunto com o conhecimento de mercado para tomar decisões informadas.

- **Complexidade Técnica**: Implementar modelos de machine learning para previsão de tendências requer uma infraestrutura técnica avançada e equipes qualificadas para desenvolver, treinar e manter esses modelos.

- **Privacidade e Ética**: A coleta e análise de grandes volumes de dados levantam questões de privacidade e ética. As empresas devem garantir que suas práticas estejam em conformidade com as regulamentações de privacidade e que os dados sejam usados de forma responsável.

Ferramentas e Tecnologias para Previsão de Tendências com Machine Learning

- **Google Cloud AI**: Oferece soluções de machine learning para análise de dados e previsão de tendências, com ferramentas que facilitam a criação e o treinamento de modelos preditivos.

- **IBM Watson**: Plataforma de IA que utiliza machine learning para análise de dados complexos e previsão de tendências de mercado.

- **Amazon Forecast**: Serviço de machine learning da AWS que permite a previsão de tendências de demanda, ciclos de vida de produtos, e outras métricas de negócios.

- **Salesforce Einstein**: Ferramenta de IA que integra machine learning para prever tendências de vendas, comportamento do consumidor, e identificar oportunidades de mercado.

A aplicação de machine learning na análise de tendências de mercado representa uma evolução significativa nas estratégias de marketing, permitindo que as empresas se antecipem às mudanças e tomem decisões mais assertivas. No entanto, para aproveitar todo o potencial dessas tecnologias, é crucial garantir a qualidade dos dados e interpretar os resultados de maneira contextualizada.

5.1.2 Previsão de Demanda com IA

A previsão de demanda é uma prática essencial para empresas que desejam otimizar seus processos de produção, gerenciamento de estoques e estratégias de vendas. Com a introdução da inteligência artificial (IA), as capacidades de previsão de demanda tornaram-se significativamente mais precisas e eficientes, permitindo que as empresas antecipem as necessidades dos clientes e ajustem suas operações em tempo real.

1. Como a IA Revoluciona a Previsão de Demanda

- **Análise de Dados em Tempo Real**: A IA pode processar e analisar grandes volumes de dados em tempo real, incluindo históricos de vendas, padrões de consumo, sazonalidade, e influências externas como eventos econômicos e climáticos. Isso permite que as previsões de demanda sejam atualizadas constantemente, refletindo as condições mais recentes do mercado.

- **Modelagem Preditiva Avançada**: Algoritmos de machine learning podem criar modelos preditivos complexos que levam em conta uma variedade de fatores que influenciam a demanda. Esses modelos são capazes

169

de identificar padrões que seriam difíceis de detectar através de métodos tradicionais, resultando em previsões mais precisas.

- **Aprendizado Contínuo**: Os modelos de IA podem aprender e melhorar com o tempo à medida que novos dados se tornam disponíveis. Isso significa que as previsões de demanda se tornam mais refinadas à medida que o sistema acumula mais informações sobre as flutuações do mercado e o comportamento do consumidor.

- **Integração de Fontes de Dados Diversas**: A IA pode integrar dados de várias fontes, como redes sociais, pesquisas de mercado, e até mesmo sinais macroeconômicos, para fornecer uma visão mais holística da demanda futura. Isso permite que as empresas considerem uma gama mais ampla de fatores ao prever a demanda.

2. Aplicações da IA na Previsão de Demanda

- **Gestão de Estoques**: Uma previsão precisa da demanda permite que as empresas otimizem seus níveis de

170

estoque, evitando tanto o excesso quanto a falta de produtos. Isso resulta em uma redução dos custos de armazenamento e minimiza o risco de obsolescência dos produtos.

- **Planejamento de Produção**: A IA pode ajudar as empresas a alinhar a produção com a demanda prevista, garantindo que os recursos sejam utilizados de forma eficiente e que a produção esteja pronta para atender às flutuações de mercado. Isso é especialmente importante em indústrias onde a capacidade de produção é limitada ou onde há longos ciclos de produção.

- **Gestão de Cadeia de Suprimentos**: A previsão de demanda baseada em IA pode melhorar a visibilidade em toda a cadeia de suprimentos, permitindo que as empresas ajustem seus pedidos de matérias-primas e produtos acabados para atender às demandas previstas. Isso também ajuda a evitar atrasos e gargalos na cadeia de suprimentos.

- **Otimização de Preços**: Compreender a demanda futura permite que as empresas ajustem seus preços de maneira

171

dinâmica, maximizando a receita. Por exemplo, em períodos de alta demanda prevista, uma empresa pode optar por aumentar os preços, enquanto em períodos de baixa demanda, pode oferecer descontos para incentivar as vendas.

- **Marketing e Promoções**: A previsão de demanda também é útil para planejar campanhas de marketing e promoções. Ao prever quando a demanda por um produto pode aumentar, as empresas podem lançar campanhas promocionais no momento certo para capitalizar sobre o aumento da demanda.

3. Benefícios da Previsão de Demanda com IA

- **Precisão Aumentada**: A capacidade da IA de analisar grandes volumes de dados e identificar padrões complexos leva a previsões de demanda mais precisas, permitindo que as empresas tomem decisões mais informadas.

- **Redução de Custos**: Com previsões de demanda mais precisas, as empresas podem evitar a superprodução e o

172

excesso de estoques, resultando em economias significativas nos custos operacionais.

- **Melhoria na Satisfação do Cliente**: Ao alinhar a oferta com a demanda prevista, as empresas podem garantir que os produtos estejam disponíveis quando e onde os clientes os desejam, melhorando a satisfação e a fidelidade do cliente.

- **Vantagem Competitiva**: Empresas que utilizam IA para prever a demanda podem responder mais rapidamente às mudanças do mercado, ganhando uma vantagem competitiva ao atender às necessidades dos clientes de maneira mais eficaz.

4. Desafios e Considerações na Previsão de Demanda com IA

- **Qualidade dos Dados**: A precisão das previsões de demanda depende da qualidade dos dados utilizados. Dados imprecisos ou incompletos podem levar a previsões incorretas, resultando em decisões subótimas.

- **Complexidade do Modelo**: Embora os modelos de IA possam oferecer previsões muito precisas, eles também

173

podem ser complexos e difíceis de interpretar. As empresas precisam garantir que têm as habilidades necessárias para entender e aplicar as previsões de maneira eficaz.

- **Riscos de Dependência**: Embora a IA seja uma ferramenta poderosa, depender exclusivamente dela pode ser arriscado. É importante que as previsões de IA sejam complementadas com insights humanos e considerações estratégicas.

- **Conformidade com Regulamentos**: O uso de dados para prever demanda deve estar em conformidade com regulamentações de privacidade, como o GDPR e a LGPD. As empresas devem garantir que estão utilizando dados de forma ética e transparente.

Ferramentas e Tecnologias para Previsão de Demanda com IA

- **SAP Integrated Business Planning**: Plataforma que utiliza IA para fornecer previsões de demanda precisas, ajudando as empresas a otimizar a cadeia de suprimentos e a gestão de estoques.

174

- **Blue Yonder (JDA Software)**: Oferece soluções de previsão de demanda baseadas em IA para varejo e cadeia de suprimentos, permitindo um planejamento mais eficiente.

- **Amazon Forecast**: Serviço de machine learning que permite a previsão de demanda para vários casos de uso, como planejamento de inventário, otimização de preços, e previsão de vendas.

- **Kinaxis RapidResponse**: Plataforma de planejamento da cadeia de suprimentos que integra previsões de demanda baseadas em IA com capacidades de planejamento e execução.

A previsão de demanda com IA está revolucionando a maneira como as empresas planejam e gerenciam suas operações. Ao aproveitar o poder da IA para analisar dados e prever tendências, as empresas podem melhorar a precisão de suas previsões, reduzir custos e aumentar a satisfação do cliente. No entanto, para maximizar os benefícios, é crucial garantir a qualidade dos dados e a compreensão adequada dos modelos preditivos.

175

5.2 Análise de Big Data para Marketing

A análise de Big Data desempenha um papel crucial na transformação das estratégias de marketing, permitindo que as empresas compreendam melhor o comportamento do consumidor, identifiquem tendências e personalizem suas campanhas. A inteligência artificial (IA) tornou-se uma ferramenta indispensável para processar e analisar grandes volumes de dados, extraindo insights valiosos que podem guiar decisões estratégicas.

5.2.1 IA na Análise de Grandes Volumes de Dados

1. O Papel da IA na Análise de Big Data

- **Processamento Rápido e Eficiente**: A IA, através de algoritmos avançados de machine learning e deep learning, é capaz de processar e analisar grandes volumes de dados em tempo real. Isso inclui dados estruturados (como números e tabelas) e não estruturados (como textos, imagens, e vídeos), permitindo uma análise abrangente e detalhada.

- **Detecção de Padrões e Anomalias**: A IA pode identificar padrões complexos nos dados que seriam difíceis de perceber manualmente. Além disso, ela pode detectar anomalias ou outliers, que podem indicar problemas ou oportunidades inesperadas. Por exemplo, uma mudança súbita nas preferências dos consumidores pode ser rapidamente identificada e respondida.

- **Automação da Análise de Dados**: A IA automatiza grande parte do processo de análise de dados, desde a coleta e limpeza dos dados até a geração de insights e recomendações. Isso reduz o tempo e os recursos necessários para transformar dados brutos em informações acionáveis.

2. Aplicações de IA na Análise de Big Data para Marketing

- **Segmentação de Público**: A IA pode analisar dados demográficos, comportamentais e psicográficos para

177

criar segmentos de público altamente específicos. Isso permite que as empresas direcionem suas campanhas de marketing de maneira mais precisa, aumentando a relevância das mensagens e a eficácia das campanhas.

- **Personalização de Conteúdo**: Com a análise de big data, a IA pode identificar as preferências individuais dos consumidores, permitindo a criação de experiências personalizadas. Isso inclui a personalização de e-mails, recomendações de produtos, e até mesmo a personalização de sites e aplicativos em tempo real.

- **Previsão de Tendências de Consumo**: A IA pode prever mudanças nas tendências de consumo ao analisar grandes volumes de dados históricos e em tempo real. Isso permite que as empresas ajustem suas estratégias de marketing com antecedência para se alinhar às novas demandas do mercado.

- **Otimização de Campanhas de Marketing**: Ao analisar dados de desempenho de campanhas anteriores, a IA pode identificar quais estratégias foram mais eficazes e sugerir melhorias. Isso inclui a otimização de anúncios

178

pagos, a escolha de canais de marketing, e a alocação de orçamentos.

- **Análise de Sentimento**: A IA pode analisar grandes volumes de dados de redes sociais, avaliações de produtos, e outros conteúdos gerados por usuários para entender o sentimento do consumidor em relação a uma marca ou produto. Isso ajuda as empresas a monitorar a percepção pública e a responder rapidamente a crises de imagem.

3. Benefícios da Análise de Big Data com IA para Marketing

- **Decisões Mais Informadas**: A capacidade da IA de processar e analisar grandes volumes de dados permite que as empresas tomem decisões de marketing baseadas em insights reais e não em suposições. Isso resulta em campanhas mais eficazes e em uma melhor alocação de recursos.

- **Melhoria na Precisão das Previsões**: A análise preditiva com IA permite que as empresas antecipem mudanças no comportamento do consumidor e nas

179

condições do mercado, permitindo ajustes proativos nas estratégias de marketing.

- **Aumento da Eficiência Operacional**: Ao automatizar a análise de dados e a geração de insights, a IA permite que as equipes de marketing se concentrem em tarefas mais estratégicas, aumentando a eficiência operacional.

- **Experiência do Cliente Personalizada**: A personalização em escala, possibilitada pela análise de big data com IA, melhora a experiência do cliente e aumenta a satisfação e a fidelidade.

4. Desafios da Análise de Big Data com IA

- **Qualidade e Integridade dos Dados**: Para que a análise de big data seja eficaz, é crucial que os dados sejam de alta qualidade. Dados incompletos, imprecisos ou desatualizados podem levar a conclusões erradas e prejudicar a eficácia das campanhas de marketing.

- **Complexidade da Integração de Dados**: Empresas frequentemente enfrentam desafios ao integrar dados de várias fontes, como CRM, redes sociais, e-commerce, e sistemas de ponto de venda. A falta de integração pode limitar a capacidade da IA de fornecer insights abrangentes.

- **Interpretação de Resultados**: Embora a IA possa gerar insights valiosos, a interpretação desses resultados ainda requer um entendimento profundo do contexto de negócios e do mercado. A falta de expertise pode levar a decisões erradas baseadas em insights mal compreendidos.

- **Questões de Privacidade**: A coleta e análise de grandes volumes de dados levantam questões de privacidade. As empresas devem garantir que estão em conformidade com regulamentações como GDPR e LGPD, e que os dados dos consumidores são tratados de forma ética e segura.

Ferramentas e Tecnologias para Análise de Big Data com IA

- **Google BigQuery**: Plataforma de análise de big data que utiliza IA para processar grandes volumes de dados em tempo real, oferecendo insights acionáveis para estratégias de marketing.

181

- **Microsoft Azure AI**: Oferece uma gama de ferramentas de IA e machine learning para análise de big data, ajudando as empresas a identificar tendências e otimizar campanhas de marketing.

- **IBM Watson Analytics**: Plataforma que combina IA e análise de big data para fornecer insights preditivos, segmentação de público e personalização de campanhas.

- **Amazon Redshift**: Solução de big data que permite a análise de grandes volumes de dados em tempo real, facilitando a identificação de padrões e a otimização de estratégias de marketing.

A análise de grandes volumes de dados com IA é uma poderosa ferramenta para o marketing moderno, permitindo que as empresas transformem dados brutos em insights acionáveis. Com a IA, as empresas podem segmentar melhor seus públicos, personalizar experiências, prever tendências e otimizar suas campanhas de maneira mais eficiente e eficaz. No entanto, é crucial abordar os desafios associados à qualidade dos dados, privacidade e interpretação de resultados para maximizar os benefícios dessa tecnologia.

5.2.2 Insights Estratégicos Gerados por IA

A capacidade de extrair insights estratégicos de grandes volumes de dados é uma das maiores vantagens competitivas que as empresas podem obter através da inteligência artificial (IA). Esses insights permitem que as empresas tomem decisões mais informadas, identifiquem oportunidades de mercado, e ajustem suas estratégias de maneira proativa, garantindo que estejam à frente da concorrência.

1. Como a IA Gera Insights Estratégicos

- **Análise Preditiva**: A IA utiliza técnicas de machine learning para analisar dados históricos e identificar padrões que podem prever eventos futuros. Isso inclui previsões de vendas, tendências de mercado, e mudanças no comportamento do consumidor, permitindo que as empresas se preparem para o futuro com maior precisão.

- **Identificação de Oportunidades de Mercado**: A IA pode escanear grandes volumes de dados de mercado, como tendências de consumo, lacunas na oferta de

183

produtos, e mudanças demográficas, para identificar novas oportunidades. Esses insights podem guiar o desenvolvimento de novos produtos, a expansão para novos mercados, ou o ajuste de estratégias de marketing.

- **Otimização de Operações**: Através da análise de dados operacionais, como eficiência da cadeia de suprimentos, produtividade da força de trabalho, e desempenho de campanhas, a IA pode identificar áreas onde a empresa pode melhorar suas operações. Isso pode resultar em custos mais baixos, maior eficiência e melhor alocação de recursos.

- **Análise Competitiva**: A IA pode monitorar e analisar as atividades da concorrência em tempo real, oferecendo insights sobre as estratégias de preços, lançamentos de produtos, e campanhas de marketing dos concorrentes. Isso permite que as empresas ajustem suas próprias estratégias para se manterem competitivas.

- **Segmentação e Personalização**: A IA permite uma segmentação de mercado mais refinada, identificando grupos de consumidores com características e

184

comportamentos semelhantes. Esses insights estratégicos permitem a criação de campanhas de marketing personalizadas, que ressoam melhor com os diferentes segmentos, aumentando a eficácia das ações.

2. Aplicações de Insights Estratégicos em Marketing

- **Planejamento de Produtos e Serviços**: Com insights estratégicos gerados pela IA, as empresas podem identificar a demanda por novos produtos ou serviços antes de seus concorrentes. Isso inclui a análise de lacunas no mercado, a detecção de tendências emergentes, e a previsão de mudanças nas preferências dos consumidores.

- **Ajuste de Estratégias de Preços**: A IA pode analisar dados de mercado e comportamento do consumidor para sugerir estratégias de preços mais eficazes. Isso pode incluir a otimização de preços em tempo real com base na demanda, concorrência, e segmentação de clientes, maximizando assim a receita e a margem de lucro.

- **Campanhas de Marketing Direcionadas**: Insights estratégicos permitem que as empresas criem campanhas

185

de marketing mais direcionadas e relevantes. A IA pode sugerir os melhores canais, mensagens e horários para alcançar o público-alvo, aumentando a taxa de conversão e o retorno sobre o investimento (ROI).

- **Melhoria na Experiência do Cliente**: Através da análise de dados de interações dos clientes, a IA pode identificar pontos de dor e áreas de melhoria na experiência do cliente. Esses insights permitem que as empresas personalizem suas interações com os clientes, melhorando a satisfação e a fidelidade.

- **Inovação e Diferenciação**: Compreender as tendências do mercado e as necessidades dos consumidores permite que as empresas inovem em seus produtos e serviços, diferenciando-se dos concorrentes. A IA pode sugerir novas funcionalidades, melhorias de produtos, ou até mesmo novas formas de comercialização que ressoem melhor com o público-alvo.

3. Benefícios dos Insights Estratégicos Gerados por IA

- **Decisões Baseadas em Dados**: Ao basear as decisões em insights gerados por IA, as empresas podem reduzir a

186

incerteza e aumentar a probabilidade de sucesso em suas estratégias. Isso resulta em uma maior precisão e confiança na tomada de decisões.

- **Proatividade no Mercado**: Com insights preditivos, as empresas podem antecipar mudanças no mercado e ajustar suas estratégias antes dos concorrentes, garantindo uma vantagem competitiva.

- **Redução de Riscos**: A IA pode identificar potenciais riscos ao analisar padrões e detectar anomalias, permitindo que as empresas mitiguem esses riscos antes que se tornem problemas significativos.

- **Otimização Contínua**: A IA permite uma análise contínua dos dados, o que significa que as empresas podem ajustar suas estratégias em tempo real com base em novos insights. Isso leva a uma otimização contínua das operações e das campanhas de marketing.

- **Inovação Dirigida por Dados**: Os insights gerados por IA não apenas ajudam a otimizar as operações existentes, mas também podem inspirar inovação, orientando o desenvolvimento de novos produtos, serviços, ou modelos de negócios que atendam melhor às necessidades dos consumidores.

4. Desafios na Utilização de Insights Estratégicos Gerados por IA

- **Complexidade dos Dados**: A análise de grandes volumes de dados pode ser complexa, e a interpretação dos insights gerados pela IA pode exigir habilidades especializadas. As empresas precisam garantir que suas equipes estejam preparadas para entender e aplicar esses insights de forma eficaz.

- **Integração de Fontes de Dados**: Para obter insights abrangentes, a IA precisa integrar dados de múltiplas fontes. A falta de integração pode levar a uma visão incompleta do mercado, limitando a eficácia dos insights.

- **Dependência de IA**: Embora a IA seja poderosa, ela não deve ser a única fonte de insights. A combinação de análise baseada em IA com o julgamento humano e a expertise de mercado é crucial para tomar decisões estratégicas bem fundamentadas.

188

- **Conformidade e Ética**: O uso de IA para gerar insights estratégicos deve estar em conformidade com regulamentações de privacidade e ser conduzido de maneira ética. As empresas precisam garantir que os dados dos consumidores sejam utilizados de forma responsável e transparente.

Ferramentas para Geração de Insights Estratégicos com IA

- **Salesforce Einstein**: Plataforma que utiliza IA para analisar dados de clientes e gerar insights estratégicos para vendas, marketing, e atendimento ao cliente.

- **Tableau com IA**: Ferramenta de visualização de dados que integra IA para ajudar as empresas a identificar padrões e gerar insights estratégicos a partir de grandes volumes de dados.

- **SAS Analytics**: Oferece soluções de análise avançada que utilizam IA para transformar grandes volumes de dados em insights estratégicos, auxiliando na tomada de decisões.

- **Google Analytics 360**: Utiliza IA para analisar dados de tráfego e comportamento de usuários, gerando insights estratégicos para otimizar campanhas de marketing digital.

A geração de insights estratégicos com IA é uma prática essencial para empresas que desejam se manter competitivas no mercado atual. Ao aproveitar o poder da IA para analisar grandes volumes de dados e prever tendências, as empresas podem tomar decisões mais informadas, otimizar suas operações e inovar de maneira direcionada. No entanto, é importante abordar os desafios relacionados à complexidade dos dados, à interpretação dos insights e à conformidade com regulamentos para maximizar os benefícios dessa tecnologia.

5.3 IA para Previsão de Comportamento do Consumidor

A previsão de comportamento do consumidor é uma das áreas mais promissoras para a aplicação da inteligência artificial (IA) no marketing. A IA permite que as empresas não apenas entendam o comportamento atual dos consumidores, mas

190

também antecipem suas futuras ações, oferecendo assim uma vantagem competitiva significativa. A partir da análise de dados históricos e em tempo real, os modelos preditivos gerados por IA podem fornecer insights valiosos sobre tendências de compra, preferências e interações dos consumidores.

5.3.1 Modelos Preditivos de Comportamento de Compra

Os modelos preditivos de comportamento de compra são ferramentas poderosas que utilizam algoritmos de IA para analisar dados históricos dos consumidores e prever suas futuras ações. Esses modelos ajudam as empresas a antecipar as necessidades e preferências dos clientes, permitindo a criação de estratégias de marketing mais eficazes e personalizadas.

1. Como Funcionam os Modelos Preditivos

- **Coleta e Análise de Dados**: A primeira etapa para a criação de modelos preditivos envolve a coleta de dados relevantes dos consumidores, como histórico de compras, comportamento de navegação, interações com a marca, e dados demográficos. A IA então processa esses dados para identificar padrões e tendências.

- **Algoritmos de Machine Learning**: Modelos preditivos utilizam algoritmos de machine learning, como redes neurais, árvores de decisão, e regressão logística, para aprender com os dados históricos e prever o comportamento futuro dos consumidores. Esses algoritmos podem detectar relações complexas entre variáveis que influenciam as decisões de compra.

- **Atualização Contínua**: À medida que novos dados são coletados, os modelos preditivos podem ser atualizados em tempo real, refinando suas previsões e adaptando-se a mudanças no comportamento dos consumidores. Isso garante que as previsões sejam sempre baseadas nos dados mais recentes.

2. Aplicações de Modelos Preditivos em Marketing

- **Previsão de Demanda de Produtos**: Os modelos preditivos podem ajudar as empresas a prever a demanda futura para determinados produtos ou serviços. Isso permite uma melhor gestão de estoques, campanhas

192

promocionais mais precisas, e uma alocação eficiente de recursos.

- **Identificação de Oportunidades de Upselling e Cross-Selling**: Ao analisar o histórico de compras e o comportamento dos clientes, a IA pode identificar oportunidades para recomendar produtos adicionais que complementem as compras anteriores, aumentando assim o valor médio do pedido.

- **Segmentação de Clientes com Base em Probabilidade de Compra**: Os modelos preditivos podem segmentar os consumidores com base na probabilidade de realizarem uma compra. Isso permite que as empresas direcionem seus esforços de marketing para os clientes mais propensos a converter, aumentando a eficiência das campanhas.

- **Prevenção de Churn**: A IA pode prever quais clientes estão em risco de churn (cancelamento de serviços ou abandono da marca), permitindo que as empresas adotem medidas proativas para reter esses clientes através de ofertas personalizadas ou atendimento melhorado.

193

3. Benefícios dos Modelos Preditivos de Comportamento de Compra

- **Maior Precisão nas Estratégias de Marketing**: Com previsões mais precisas sobre o comportamento do consumidor, as empresas podem criar estratégias de marketing altamente direcionadas, resultando em um maior retorno sobre o investimento (ROI).

- **Otimização de Recursos**: A capacidade de prever a demanda e o comportamento dos consumidores permite que as empresas otimizem seus recursos, reduzindo desperdícios e maximizando a eficiência operacional.

- **Personalização em Escala**: Os modelos preditivos permitem uma personalização em larga escala, oferecendo aos consumidores produtos e mensagens que realmente atendem às suas necessidades e desejos, melhorando a experiência do cliente.

- **Redução de Riscos**: A previsão do comportamento dos consumidores ajuda as empresas a mitigar riscos, permitindo que elas se preparem para possíveis flutuações na demanda ou mudanças nas preferências do consumidor.

5.3.2 Personalização Baseada em Previsões

A personalização baseada em previsões é uma abordagem avançada que utiliza as previsões geradas pelos modelos preditivos para adaptar ofertas, mensagens e experiências ao consumidor de forma individualizada. Esta técnica é fundamental para criar uma experiência de cliente altamente relevante e envolvente.

1. Como Funciona a Personalização Baseada em Previsões

- **Análise de Comportamento e Preferências**: A IA analisa o comportamento passado dos consumidores, como histórico de compras, interações com a marca, e dados demográficos, para prever o que cada cliente provavelmente desejará ou necessitará no futuro.

- **Geração de Conteúdo Personalizado**: Com base nessas previsões, a IA pode gerar conteúdo personalizado,

195

como recomendações de produtos, ofertas especiais, ou mensagens de marketing, que são adaptadas às preferências e necessidades de cada cliente.

- **Automação da Personalização em Tempo Real**: A personalização baseada em previsões pode ser automatizada e aplicada em tempo real em canais de marketing, como e-mail, aplicativos móveis, e-commerce, e publicidade online, garantindo que cada interação seja relevante e oportuna.

2. Aplicações de Personalização Baseada em Previsões

- **Recomendações de Produtos**: Plataformas de e-commerce e serviços de streaming frequentemente utilizam personalização baseada em previsões para recomendar produtos ou conteúdos que os clientes provavelmente desejarão, aumentando as chances de compra ou de engajamento.

- **E-mails Marketing Personalizados**: As previsões de comportamento do consumidor podem ser usadas para criar campanhas de e-mail marketing personalizadas, onde cada cliente recebe ofertas e conteúdos que

196

correspondem às suas preferências e ao seu histórico de interações.

- **Experiência de Navegação Personalizada**: Em sites de e-commerce, a IA pode ajustar a experiência de navegação de acordo com as previsões de comportamento do consumidor, mostrando os produtos mais relevantes na página inicial ou em banners personalizados.

- **Ofertas e Promoções Sob Medida**: As empresas podem utilizar previsões de comportamento para criar ofertas e promoções sob medida para cada cliente, aumentando a probabilidade de conversão e a satisfação do cliente.

3. Benefícios da Personalização Baseada em Previsões

- **Melhoria na Experiência do Cliente**: A personalização baseada em previsões garante que cada interação do cliente com a marca seja relevante e adaptada às suas necessidades, melhorando a experiência do cliente e aumentando a satisfação e lealdade.

197

- **Aumento das Taxas de Conversão**: Ofertas e recomendações personalizadas têm uma probabilidade maior de levar à conversão, pois são mais alinhadas com os interesses e as necessidades dos consumidores.

- **Fidelização de Clientes**: A personalização cria um relacionamento mais profundo e significativo com os clientes, o que pode resultar em uma maior fidelização e em uma relação de longo prazo com a marca.

- **Maior Eficiência em Marketing**: Ao focar nos clientes com maior probabilidade de responder positivamente a campanhas personalizadas, as empresas podem aumentar a eficácia de suas ações de marketing e reduzir custos desnecessários.

4. Desafios da Personalização Baseada em Previsões

- **Privacidade e Segurança de Dados**: A personalização baseada em previsões depende de grandes volumes de dados pessoais, o que levanta questões de privacidade e segurança. As empresas devem garantir que estão em conformidade com regulamentações como GDPR e

LGPD e que os dados dos consumidores são tratados de forma ética e segura.

- **Complexidade na Implementação**: Implementar uma personalização baseada em previsões pode ser complexo e exigir a integração de diversas tecnologias e fontes de dados. As empresas precisam investir em infraestrutura e expertise para garantir uma personalização eficaz.

- **Risco de Superpersonalização**: Existe o risco de que a personalização excessiva possa ser percebida como invasiva pelos consumidores, o que pode levar a uma reação negativa. As empresas devem equilibrar a personalização com a privacidade e o controle dos consumidores sobre seus próprios dados.

A IA para previsão de comportamento do consumidor e personalização baseada em previsões oferece às empresas uma oportunidade única de melhorar a eficácia de suas estratégias de marketing, aumentar a satisfação do cliente e se manter à frente da concorrência. No entanto, é essencial abordar os desafios relacionados à privacidade, segurança e implementação para garantir que essas tecnologias sejam utilizadas de forma eficaz e ética.

Capítulo 6: Automatizando Processos de Marketing com IA

A automação de processos de marketing com o uso de inteligência artificial (IA) representa um avanço significativo na eficiência e eficácia das estratégias de marketing. Este capítulo explora como as ferramentas e plataformas de automação baseadas em IA estão transformando a maneira como as empresas gerenciam, executam e otimizam suas campanhas de marketing.

6.1 Ferramentas de Automação Baseadas em IA

A incorporação de IA em ferramentas de automação de marketing permite que as empresas simplifiquem tarefas repetitivas, aumentem a precisão das campanhas e personalizem as interações com os clientes em uma escala nunca antes possível. Essas ferramentas abrangem uma ampla gama de funções, desde a geração de leads até a análise de desempenho das campanhas.

6.1.1 Plataformas de Automação de Marketing e IA

1. O que São Plataformas de Automação de Marketing com IA

As plataformas de automação de marketing integradas com IA são soluções tecnológicas que automatizam diversas atividades de marketing digital, como a segmentação de público, a criação de conteúdo, o envio de e-mails, a gestão de campanhas em redes sociais e a análise de resultados. A IA adiciona um nível extra de inteligência a essas plataformas, permitindo a tomada de decisões mais informadas e a execução de campanhas mais precisas.

2. Funcionalidades Principais

- **Segmentação Inteligente de Públicos**: Utilizando algoritmos de IA, essas plataformas analisam o comportamento dos usuários, seus interesses e histórico de interações para criar segmentos de público altamente específicos. Isso permite que as campanhas sejam direcionadas de maneira mais eficaz, aumentando a relevância para cada grupo de consumidores.

- **Criação Automatizada de Conteúdo**: Algumas plataformas são capazes de gerar automaticamente conteúdos de marketing, como e-mails, postagens em redes sociais e anúncios, utilizando IA para adaptar a linguagem e o tom de acordo com o público-alvo.

- **Automação de E-mail Marketing**: A IA otimiza o envio de e-mails, determinando o melhor momento para o envio, o conteúdo mais relevante para cada destinatário, e personalizando cada mensagem para maximizar a taxa de abertura e conversão.

- **Gestão de Campanhas Multicanais**: A IA facilita a gestão de campanhas simultâneas em diferentes canais, como redes sociais, e-mail, e websites, ajustando

202

automaticamente as estratégias com base no desempenho em tempo real.

- **Análise Preditiva de Resultados**: As plataformas baseadas em IA não apenas monitoram o desempenho das campanhas, mas também utilizam técnicas de machine learning para prever resultados futuros, permitindo ajustes proativos nas estratégias de marketing.

3. Exemplos de Plataformas Populares

- **HubSpot**: Integrando ferramentas de automação de marketing com IA, o HubSpot oferece funcionalidades como segmentação avançada, automação de e-mails e análise de desempenho com insights acionáveis.

- **Marketo Engage**: Esta plataforma utiliza IA para otimizar campanhas em tempo real, personalizar experiências de clientes e prever o retorno sobre investimento (ROI) de campanhas de marketing.

- **Salesforce Pardot**: Focado em automação B2B, o Pardot usa IA para gerar leads qualificados, automatizar

203

interações de vendas e fornecer análises detalhadas para estratégias de marketing.

4. Benefícios das Plataformas de Automação com IA

- **Eficiência Operacional**: As plataformas de automação com IA eliminam tarefas manuais repetitivas, permitindo que as equipes de marketing se concentrem em atividades estratégicas de maior valor.

- **Melhoria no Engajamento com o Cliente**: Com a segmentação precisa e a personalização de campanhas, as interações com os clientes tornam-se mais relevantes e eficazes, resultando em um maior engajamento e lealdade.

- **Decisões Informadas e Baseadas em Dados**: A análise preditiva fornecida por essas plataformas permite que as empresas tomem decisões baseadas em dados concretos, melhorando o desempenho das campanhas e o ROI.

- **Escalabilidade**: A automação de marketing com IA facilita o gerenciamento de campanhas em grande escala, mantendo a personalização e a eficácia, independentemente do tamanho do público.

5. Desafios na Implementação

- **Integração de Dados**: Um dos principais desafios é a integração de dados de diferentes fontes para alimentar as plataformas de IA de maneira eficaz, garantindo que as análises e previsões sejam precisas.

- **Custo Inicial**: A implementação dessas tecnologias pode exigir um investimento inicial significativo, o que pode ser uma barreira para empresas menores.

- **Treinamento e Adaptação**: As equipes de marketing precisam ser treinadas para utilizar essas plataformas de maneira eficaz, o que pode requerer tempo e recursos adicionais.

Neste capítulo, exploramos como as plataformas de automação de marketing baseadas em IA estão revolucionando a maneira como as empresas conduzem suas campanhas. A combinação de automação com inteligência artificial não só aumenta a eficiência, mas também permite um marketing mais inteligente,

205

focado e personalizado, adaptando-se rapidamente às mudanças no comportamento do consumidor e nas condições do mercado.

6.1.2 IA na Gestão de Leads e CRM

A gestão de leads e o Customer Relationship Management (CRM) são componentes essenciais para o sucesso de qualquer estratégia de marketing. A introdução da inteligência artificial (IA) nesses processos tem revolucionado a maneira como as empresas interagem com seus clientes, gerenciam suas bases de dados, e desenvolvem relacionamentos duradouros e lucrativos. Neste tópico, exploraremos como a IA está transformando a gestão de leads e o CRM, oferecendo vantagens significativas em termos de eficiência, personalização e tomada de decisões.

1. IA na Qualificação e Priorização de Leads

A IA desempenha um papel crucial na qualificação e priorização de leads, ajudando as equipes de vendas e marketing a focarem seus esforços nos prospects com maior potencial de conversão. Isso é alcançado através da análise de grandes volumes de dados, identificando padrões de comportamento e características comuns entre leads de alta qualidade.

206

- **Lead Scoring Automatizado**: Os algoritmos de IA analisam dados históricos, como interações anteriores, dados demográficos e comportamentais, para atribuir uma pontuação a cada lead. Essa pontuação indica a probabilidade de conversão, permitindo que as equipes priorizem os leads mais promissores.

- **Segmentação de Leads**: A IA pode segmentar automaticamente os leads em diferentes categorias com base em seus interesses, comportamentos e estágio no funil de vendas. Isso facilita a criação de campanhas de marketing mais direcionadas e eficazes.

- **Previsão de Conversão**: Utilizando técnicas de machine learning, a IA pode prever quais leads têm maior probabilidade de se tornarem clientes, permitindo uma alocação de recursos mais eficiente e um foco em leads de maior valor.

2. IA no CRM para Personalização e Engajamento

A personalização é fundamental para a construção de relacionamentos fortes e duradouros com os clientes. A IA, integrada aos sistemas de CRM, permite um nível de

207

personalização e engajamento que seria impossível de alcançar manualmente.

- **Personalização de Interações**: A IA analisa o histórico de interações de cada cliente, suas preferências e comportamentos, para personalizar as comunicações e ofertas em tempo real. Isso inclui o envio de e-mails personalizados, recomendações de produtos e mensagens adaptadas ao contexto do cliente.

- **Automação de Tarefas de CRM**: A IA automatiza tarefas repetitivas no CRM, como o registro de interações, a atualização de dados de clientes e o agendamento de follow-ups, liberando as equipes para focarem em atividades mais estratégicas.

- **Análise de Sentimentos**: Ferramentas de IA podem analisar o tom e o conteúdo das comunicações dos clientes (como e-mails, chats e interações em redes sociais) para avaliar seu nível de satisfação e engajamento. Isso permite que as empresas identifiquem rapidamente clientes insatisfeitos e tomem medidas proativas para resolver problemas.

208

3. Benefícios da IA na Gestão de Leads e CRM

- **Eficiência Operacional**: A automação de tarefas e a priorização inteligente de leads permitem que as equipes de vendas e marketing sejam mais eficientes, focando seus esforços nas oportunidades mais promissoras.

- **Melhoria na Taxa de Conversão**: Ao identificar e priorizar leads de alta qualidade e personalizar as interações, as empresas podem aumentar significativamente suas taxas de conversão.

- **Relacionamentos de Longo Prazo**: A personalização em escala, proporcionada pela IA, permite que as empresas cultivem relacionamentos mais profundos e duradouros com seus clientes, aumentando a lealdade e o valor de vida do cliente (Customer Lifetime Value - CLV).

- **Tomada de Decisões Informadas**: A análise de dados e previsões fornecidas pela IA oferecem insights valiosos que ajudam na tomada de decisões estratégicas, melhorando o desempenho geral das campanhas de marketing e vendas.

209

4. Desafios na Implementação de IA no CRM

- **Integração e Qualidade de Dados**: A eficácia da IA depende da qualidade e da integridade dos dados disponíveis. Empresas precisam garantir que seus dados estejam bem organizados e integrados para obter os melhores resultados.

- **Custo e Complexidade**: Implementar soluções de IA em CRM pode ser um investimento significativo em termos de tempo, recursos financeiros e treinamento das equipes. As empresas precisam avaliar cuidadosamente o ROI esperado.

- **Gerenciamento de Privacidade**: Com o aumento da personalização e do uso de dados, é crucial que as empresas gerenciem de forma adequada a privacidade dos dados dos clientes, em conformidade com regulamentações como GDPR e LGPD.

A IA na gestão de leads e CRM oferece uma oportunidade única para as empresas melhorarem suas operações de marketing e vendas, construindo relacionamentos mais fortes com seus clientes e aumentando a eficiência de suas estratégias. Ao implementar essas tecnologias, as empresas podem não apenas otimizar seus processos, mas também proporcionar uma experiência de cliente superior, que é fundamental para o sucesso a longo prazo.

6.2 Chatbots e Assistentes Virtuais em Marketing

Com o avanço da inteligência artificial, chatbots e assistentes virtuais tornaram-se ferramentas essenciais no marketing moderno. Eles oferecem uma forma eficiente e escalável de interagir com clientes, responder a perguntas, fornecer informações e até conduzir vendas. Neste capítulo, exploramos como essas tecnologias estão sendo implementadas e quais são suas principais vantagens para as estratégias de marketing.

6.2.1 Implementação de Chatbots para Engajamento de Clientes

211

A implementação de chatbots é uma das formas mais eficazes de utilizar a IA para melhorar o engajamento com os clientes. Esses sistemas automatizados de atendimento são capazes de interagir com os clientes em tempo real, oferecendo suporte imediato e personalizado, e estão se tornando cada vez mais sofisticados, capazes de lidar com uma variedade de tarefas complexas.

1. O Papel dos Chatbots no Engajamento de Clientes

Os chatbots desempenham um papel crucial no aumento do engajamento ao estarem disponíveis 24/7, respondendo instantaneamente às dúvidas dos clientes e guiando-os ao longo de sua jornada de compra. Eles podem ser integrados a diferentes canais, como sites, aplicativos móveis, redes sociais e plataformas de mensagens, tornando-se uma ponte vital entre a empresa e seus clientes.

- **Disponibilidade Imediata**: Um dos maiores benefícios dos chatbots é a sua capacidade de fornecer respostas imediatas, independentemente do horário. Isso garante que os clientes possam obter assistência sempre que precisarem, aumentando a satisfação e a lealdade.

212

- **Interações Personalizadas**: Utilizando dados de comportamento e preferências dos clientes, os chatbots podem personalizar as interações, oferecendo recomendações de produtos ou serviços que correspondam aos interesses do cliente, aumentando as chances de conversão.

- **Captação e Qualificação de Leads**: Os chatbots podem iniciar conversas com visitantes do site ou de redes sociais, capturar informações importantes e qualificar leads, encaminhando aqueles com maior potencial para a equipe de vendas.

2. Tipos de Chatbots Utilizados no Marketing

Existem diferentes tipos de chatbots que podem ser implementados dependendo das necessidades da empresa e dos objetivos de marketing:

- **Chatbots Baseados em Regras**: Operam com base em scripts pré-definidos e fluxos de trabalho. Eles são ideais para responder a perguntas frequentes e resolver problemas simples.

213

- **Chatbots com IA**: Utilizam processamento de linguagem natural (NLP) e machine learning para entender e responder de forma mais precisa e natural às consultas dos clientes. Esses chatbots podem aprender com as interações anteriores e melhorar suas respostas ao longo do tempo.

- **Chatbots Conversacionais**: Estes são mais avançados e podem realizar diálogos mais complexos, mantendo uma conversa fluida com o cliente. Eles são frequentemente usados para suporte ao cliente e vendas.

3. Benefícios dos Chatbots no Marketing

- **Escalabilidade**: Os chatbots permitem que as empresas atendam simultaneamente a milhares de clientes sem aumentar os custos operacionais. Isso é particularmente útil durante campanhas de marketing ou lançamentos de produtos.

- **Redução de Custos**: Ao automatizar interações básicas, as empresas podem reduzir a necessidade de uma grande equipe de atendimento ao cliente, economizando tempo e recursos.

- **Aumento de Conversões**: Chatbots podem guiar os clientes durante o processo de compra, responder a dúvidas que poderiam impedir uma venda e até oferecer incentivos em tempo real, aumentando as taxas de conversão.

- **Coleta de Dados**: Durante as interações, os chatbots coletam dados valiosos sobre o comportamento e as preferências dos clientes, que podem ser utilizados para melhorar as estratégias de marketing.

4. Desafios na Implementação de Chatbots

- **Limitações na Compreensão**: Apesar dos avanços, alguns chatbots ainda têm dificuldades para entender consultas complexas ou nuances na linguagem, o que pode levar a frustrações dos clientes.

- **Integração com Sistemas Existentes**: Integrar chatbots com CRM, plataformas de e-commerce, e outras ferramentas de marketing pode ser desafiador e exigir uma boa estratégia de TI.

215

- **Manutenção e Atualização**: Para garantir que os chatbots continuem a oferecer um bom serviço, é necessário monitorar e atualizar seus scripts e algoritmos regularmente, especialmente aqueles baseados em IA.

5. Exemplos de Uso de Chatbots no Marketing

- **E-commerce**: Chatbots ajudam os clientes a encontrar produtos, oferecem suporte durante o checkout, e até enviam lembretes sobre carrinhos abandonados, incentivando a finalização da compra.

- **Redes Sociais**: Empresas utilizam chatbots em plataformas como Facebook Messenger para responder a perguntas frequentes, enviar atualizações sobre pedidos, e conduzir pesquisas de satisfação.

- **Atendimento ao Cliente**: Muitas marcas implementam chatbots em seus sites para fornecer suporte técnico básico, como redefinição de senhas, ou para esclarecer dúvidas sobre produtos e serviços.

A implementação de chatbots para engajamento de clientes representa um passo importante na automação do marketing, permitindo que as empresas interajam com seus clientes de forma eficiente e personalizada. À medida que a tecnologia avança, os chatbots continuarão a evoluir, oferecendo ainda mais valor para as empresas que desejam melhorar sua comunicação e fortalecer o relacionamento com os clientes.

6.2.2 IA em Assistentes Virtuais para Marketing Digital

Assistentes virtuais alimentados por inteligência artificial (IA) estão se tornando ferramentas essenciais no arsenal de marketing digital das empresas. Esses assistentes podem executar uma variedade de tarefas, desde interagir com clientes até automatizar processos internos, permitindo que as equipes de marketing concentrem seus esforços em atividades mais estratégicas. Neste tópico, exploraremos como a IA está sendo utilizada em assistentes virtuais para aprimorar as estratégias de marketing digital e os benefícios associados a essa tecnologia.

1. O Papel dos Assistentes Virtuais em Marketing Digital

Os assistentes virtuais são sistemas de IA que podem realizar tarefas específicas de forma automatizada, baseando-se em comandos de voz, texto ou outros inputs. Eles são projetados para interagir com humanos de maneira natural, e sua aplicação no marketing digital tem o potencial de transformar a forma como as empresas conduzem suas campanhas e interagem com os clientes.

- **Interação Personalizada com Clientes**: Assistentes virtuais podem personalizar a comunicação com os clientes em tempo real, utilizando dados históricos e contextuais para fornecer respostas e recomendações precisas. Isso aumenta a relevância das interações e melhora a experiência do cliente.

- **Suporte em Tempo Real**: Como os chatbots, assistentes virtuais podem fornecer suporte ao cliente 24/7, resolvendo dúvidas, guiando os clientes durante o processo de compra e até executando transações simples, tudo de forma automatizada.

- **Automação de Tarefas Internas**: Além de interagir com os clientes, assistentes virtuais podem ser

218

programados para automatizar tarefas de marketing internas, como a análise de dados, a programação de postagens em redes sociais, e a gestão de campanhas de e-mail marketing.

2. Funcionalidades dos Assistentes Virtuais em Marketing Digital

Os assistentes virtuais podem ser configurados para realizar uma ampla gama de tarefas que ajudam a otimizar as operações de marketing digital:

- **Gerenciamento de Campanhas**: Assistentes virtuais podem ajudar a planejar, executar e monitorar campanhas de marketing digital, ajustando as estratégias com base em dados em tempo real. Eles podem, por exemplo, modificar lances em campanhas de anúncios pagos ou agendar postagens em redes sociais no momento mais oportuno.

- **Análise de Desempenho**: Com a capacidade de processar grandes volumes de dados, assistentes virtuais podem fornecer insights detalhados sobre o desempenho das campanhas, identificar tendências emergentes e recomendar ajustes para melhorar os resultados.

- **Criação de Conteúdo Automatizada**: Utilizando processamento de linguagem natural (NLP), assistentes virtuais podem gerar textos, legendas para redes sociais e até scripts de vídeo baseados em tópicos ou keywords fornecidas pela equipe de marketing.

- **Engajamento Multicanal**: Assistentes virtuais são capazes de interagir com os clientes através de múltiplos canais, como redes sociais, e-mails e aplicativos de mensagens. Isso garante uma presença constante e coesa da marca em todos os pontos de contato com o cliente.

3. Benefícios de Utilizar Assistentes Virtuais no Marketing Digital

- **Eficiência e Escalabilidade**: Assistentes virtuais permitem que as empresas escalem suas operações de marketing sem a necessidade de aumentar proporcionalmente suas equipes. Eles automatizam tarefas repetitivas e aumentam a eficiência das campanhas, liberando recursos para atividades mais estratégicas.

- **Melhoria na Experiência do Cliente**: Com a personalização em tempo real e o suporte contínuo, assistentes virtuais melhoram significativamente a experiência do cliente, resultando em maior satisfação e lealdade à marca.

- **Tomada de Decisões Informadas**: Assistentes virtuais fornecem insights e recomendações baseadas em dados, permitindo que as equipes de marketing tomem decisões mais informadas e ágeis.

- **Redução de Custos**: Automatizando processos de marketing e atendimento ao cliente, os assistentes virtuais ajudam a reduzir os custos operacionais, enquanto mantêm ou até melhoram a qualidade do serviço prestado.

4. Exemplos de Assistentes Virtuais em Marketing Digital

- **Siri e Google Assistant**: Assistentes virtuais como Siri e Google Assistant podem ser usados por marcas para

221

interagir com clientes, responder a perguntas frequentes e até recomendar produtos e serviços com base nas preferências e comportamentos do usuário.

- **Alexa Skills**: Marcas desenvolvem "skills" para a Alexa da Amazon, permitindo que os usuários interajam com seus produtos e serviços por meio de comandos de voz, como fazer pedidos, ouvir informações sobre promoções, ou receber recomendações personalizadas.

- **Assistentes Customizados**: Algumas empresas desenvolvem assistentes virtuais personalizados para gerenciar interações com clientes em seus próprios sites ou aplicativos, proporcionando uma experiência de marca única e controlada.

5. Desafios na Implementação de Assistentes Virtuais

- **Desenvolvimento e Integração**: Criar um assistente virtual eficiente requer um investimento significativo em desenvolvimento e uma integração cuidadosa com os sistemas existentes da empresa.

- **Manutenção e Atualização**: Como qualquer tecnologia, assistentes virtuais precisam ser continuamente mantidos e atualizados para garantir que permaneçam eficazes e relevantes, especialmente em um ambiente digital em constante mudança.

- **Gestão da Privacidade de Dados**: Com o aumento da personalização vem a responsabilidade de gerenciar os dados dos clientes de forma segura e em conformidade com as regulamentações de privacidade.

Conclusão

Assistentes virtuais alimentados por IA estão se tornando uma parte indispensável do marketing digital, proporcionando às empresas uma forma poderosa de automatizar tarefas, interagir com clientes e tomar decisões baseadas em dados. À medida que a tecnologia continua a evoluir, os assistentes virtuais oferecerão ainda mais oportunidades para as empresas melhorarem suas operações de marketing e proporcionarem experiências de cliente excepcionais.

223

6.3 Automação do Ciclo de Vida do Cliente

A automação do ciclo de vida do cliente com a ajuda da inteligência artificial (IA) é uma tendência que está revolucionando a forma como as empresas gerenciam suas interações com os clientes ao longo de todo o processo, desde a conscientização até a fidelização. Essa automação permite uma abordagem mais eficiente e personalizada, garantindo que cada cliente receba a atenção adequada em cada etapa de sua jornada.

6.3.1 IA no Gerenciamento do Ciclo de Vida do Cliente

O gerenciamento do ciclo de vida do cliente refere-se às estratégias e processos que as empresas utilizam para atrair, converter, reter e fidelizar clientes. A IA está desempenhando um papel cada vez mais importante nesse contexto, possibilitando a automação e otimização de cada fase do ciclo de vida do cliente.

1. A IA na Atração de Clientes (Fase de Aquisição)

Na fase de aquisição, o foco está em atrair novos clientes e aumentar a visibilidade da marca. A IA pode ser utilizada para identificar potenciais clientes de forma mais precisa e otimizar as estratégias de marketing.

- **Segmentação Avançada**: A IA pode analisar grandes volumes de dados de diferentes fontes para identificar segmentos de mercado específicos que têm maior probabilidade de se interessar pela marca. Isso permite uma segmentação mais eficaz e campanhas publicitárias mais direcionadas.

- **Otimização de Conteúdo**: Algoritmos de IA podem analisar quais tipos de conteúdo são mais eficazes em atrair novos clientes e ajustar automaticamente as campanhas de marketing de conteúdo para maximizar a eficiência.

- **Personalização de Ofertas**: Com base em dados comportamentais e de navegação, a IA pode personalizar ofertas e mensagens para atrair novos clientes de maneira mais eficaz, aumentando as taxas de conversão.

2. A IA na Conversão de Clientes (Fase de Consideração e Compra)

Na fase de consideração e compra, a IA pode ajudar a guiar os clientes em potencial para a decisão de compra, utilizando várias técnicas automatizadas.

- **Automação de Vendas**: A IA pode automatizar o processo de vendas, como o envio de e-mails personalizados e mensagens de acompanhamento,

225

ajudando a mover os leads pelo funil de vendas de forma mais eficiente.

- **Chatbots de Vendas**: Chatbots alimentados por IA podem interagir com clientes em tempo real, respondendo a perguntas, oferecendo recomendações de produtos e auxiliando no processo de compra, aumentando as chances de conversão.

- **Análise de Padrões de Compra**: A IA pode analisar o comportamento de compra de clientes anteriores para prever quais produtos ou serviços são mais prováveis de serem adquiridos por novos clientes, permitindo ofertas mais assertivas.

3. A IA na Retenção de Clientes (Fase de Pós-Venda e Fidelização)

A retenção de clientes é crucial para o sucesso a longo prazo de qualquer empresa. A IA pode ajudar a identificar sinais de insatisfação, automatizar interações de suporte e desenvolver estratégias de fidelização.

- **Análise Preditiva de Churn**: A IA pode identificar padrões que indicam que um cliente está prestes a abandonar a marca (churn) e ativar campanhas preventivas, como ofertas especiais ou interações personalizadas, para reengajar o cliente.

- **Automação de Suporte ao Cliente**: Assistentes virtuais e chatbots podem fornecer suporte ao cliente 24/7,

226

resolvendo problemas rapidamente e aumentando a satisfação do cliente, o que é essencial para a retenção.

- **Programas de Fidelidade Personalizados**: A IA pode criar programas de fidelidade altamente personalizados, baseados no comportamento e nas preferências dos clientes, incentivando compras repetidas e aumentando o valor do cliente ao longo do tempo.

4. Benefícios da IA no Gerenciamento do Ciclo de Vida do Cliente

- **Eficiência Operacional**: A automação de tarefas repetitivas e a otimização de processos por meio da IA liberam as equipes para focarem em atividades mais estratégicas.

- **Personalização em Escala**: A IA permite uma personalização detalhada em todas as etapas do ciclo de vida do cliente, algo que seria impossível de alcançar manualmente, especialmente em empresas com grandes bases de clientes.

- **Melhoria na Experiência do Cliente**: A IA ajuda a criar uma experiência do cliente mais coesa e agradável, desde a primeira interação até a fase de fidelização, aumentando a satisfação e a lealdade.

- **Insights Baseados em Dados**: A IA oferece insights baseados em dados que permitem uma compreensão mais profunda do comportamento dos clientes e ajudam a tomar decisões mais informadas e precisas.

227

5. Desafios na Implementação da IA no Gerenciamento do Ciclo de Vida do Cliente

- **Complexidade na Integração**: Integrar IA em sistemas existentes de CRM e automação de marketing pode ser complexo e requer um planejamento cuidadoso.

- **Qualidade dos Dados**: A eficácia da IA depende da qualidade dos dados disponíveis. Dados incompletos ou incorretos podem levar a decisões erradas e resultados insatisfatórios.

- **Gestão de Expectativas**: As empresas precisam gerenciar as expectativas em relação ao que a IA pode e não pode fazer, garantindo que os clientes ainda sintam um toque humano nas interações.

A IA no gerenciamento do ciclo de vida do cliente permite que as empresas automatizem e otimizem cada etapa do processo, desde a atração até a fidelização. Ao implementar essas tecnologias, as empresas podem melhorar a eficiência operacional, proporcionar experiências de cliente altamente personalizadas e obter insights valiosos para direcionar suas estratégias de marketing. No entanto, a implementação bem-sucedida exige uma abordagem cuidadosa, com atenção à qualidade dos dados e à integração dos sistemas.

6.3.2 Ferramentas de IA para Nutrição de Leads

A nutrição de leads é um processo essencial para converter potenciais clientes em compradores. Com o uso de ferramentas de inteligência artificial (IA), esse processo pode ser significativamente aprimorado, permitindo que as empresas automatizem, personalizem e otimizem suas estratégias de nutrição de leads. A IA ajuda a garantir que cada lead receba o conteúdo certo no momento certo, aumentando as chances de conversão.

1. O Papel da IA na Nutrição de Leads

Nutrir leads envolve fornecer informações e conteúdos relevantes ao longo do ciclo de compra, com o objetivo de guiá-los através do funil de vendas até a conversão. A IA desempenha um papel crucial nesse processo, analisando dados, identificando padrões e automatizando interações de forma precisa e personalizada.

- **Personalização em Escala**: A IA permite que as empresas personalizem a comunicação com cada lead de acordo com seus interesses, comportamentos e estágio no funil de vendas. Isso cria uma experiência mais relevante e envolvente para o potencial cliente.

A Revolução da IA no Marketing Digital

- **Automação do Fluxo de Nutrição**: Com a IA, é possível automatizar a sequência de e-mails e outros tipos de comunicação, adaptando o conteúdo com base nas ações e interações do lead. Isso mantém o engajamento sem a necessidade de intervenção manual constante.

- **Análise Preditiva**: Ferramentas de IA podem prever quais leads têm maior probabilidade de conversão com base em seu comportamento, histórico de interações e dados demográficos, permitindo que as equipes de marketing foquem seus esforços nos leads mais promissores.

2. Funcionalidades das Ferramentas de IA para Nutrição de Leads

Ferramentas de IA para nutrição de leads oferecem uma variedade de funcionalidades que ajudam as empresas a gerenciar e otimizar suas campanhas de marketing.

- **Segmentação Avançada de Leads**: A IA pode segmentar automaticamente leads em diferentes grupos com base em seus comportamentos, interesses e outros critérios. Isso garante que cada grupo receba mensagens e ofertas específicas para suas necessidades e interesses.

- **Automação de E-mail Marketing**: As ferramentas de IA podem criar e enviar e-mails personalizados em massa, adaptando o conteúdo com base em como os leads interagem com as comunicações anteriores, aumentando a relevância e o engajamento.

- **Scoring de Leads Automatizado**: A IA pode atribuir pontuações a leads com base em suas interações e engajamento, ajudando a identificar quais leads estão prontos para serem abordados pela equipe de vendas e quais precisam de mais nutrição.

- **Recomendações de Conteúdo**: Ferramentas de IA podem recomendar automaticamente o próximo melhor conteúdo para enviar a um lead com base em seu histórico de interações, garantindo que o lead receba informações que o interessam e o movem adiante no funil de vendas.

3. Exemplos de Ferramentas de IA para Nutrição de Leads

- **HubSpot com IA**: HubSpot utiliza IA para segmentação avançada de leads, automação de e-mails e análise preditiva, ajudando as empresas a criar fluxos de nutrição de leads mais eficazes e personalizados.

- **Marketo Engage**: Essa ferramenta da Adobe usa IA para personalizar a comunicação com leads e oferecer insights sobre quais leads têm maior potencial de conversão, além de automação de marketing avançada.

- **Pardot**: Ferramenta de automação de marketing da Salesforce, Pardot usa IA para scoring de leads e automação de campanhas, além de oferecer recomendações de conteúdo com base em dados comportamentais.

4. Benefícios de Usar Ferramentas de IA na Nutrição de Leads

- **Eficiência Aprimorada**: A IA automatiza muitas das tarefas manuais envolvidas na nutrição de leads, liberando tempo para as equipes de marketing focarem em atividades estratégicas.

232

- **Personalização Profunda**: A IA permite que as empresas ofereçam uma experiência altamente personalizada para cada lead, aumentando o engajamento e as taxas de conversão.

- **Tomada de Decisão Informada**: Com insights baseados em dados, as equipes de marketing podem tomar decisões mais informadas sobre como gerenciar e nutrir seus leads.

- **Otimização Contínua**: Ferramentas de IA podem aprender e ajustar as campanhas de nutrição de leads em tempo real, garantindo que as estratégias estejam sempre otimizadas para o máximo de eficácia.

5. Desafios na Implementação de Ferramentas de IA para Nutrição de Leads

- **Integração com Sistemas Existentes**: Integrar ferramentas de IA com CRM e outras plataformas de marketing pode ser desafiador e requer planejamento cuidadoso.

233

- **Qualidade dos Dados**: A eficácia das ferramentas de IA depende da qualidade dos dados disponíveis. Dados imprecisos ou incompletos podem comprometer a eficácia da nutrição de leads.

- **Complexidade Inicial**: Implementar e configurar ferramentas de IA pode exigir um nível significativo de expertise técnica, e o retorno sobre o investimento pode não ser imediato.

Ferramentas de IA para nutrição de leads estão transformando a forma como as empresas gerenciam e interagem com seus potenciais clientes. Ao automatizar e personalizar as interações, a IA não apenas melhora a eficiência operacional, mas também aumenta significativamente as taxas de conversão e a satisfação do cliente. No entanto, para colher todos os benefícios, é fundamental garantir uma implementação cuidadosa e uma gestão adequada da qualidade dos dados.

Capítulo 7: Estudos de Caso e Aplicações Reais

7.1 Casos de Sucesso em Marketing com IA

A inteligência artificial (IA) está revolucionando o marketing digital, proporcionando às empresas ferramentas poderosas para melhorar a eficiência, personalização e análise de suas estratégias. Neste capítulo, exploraremos como grandes marcas estão utilizando IA para alcançar resultados impressionantes em suas campanhas de marketing digital.

7.1.1 Grandes Marcas e o Uso de IA no Marketing Digital

Diversas marcas globais têm adotado a IA para transformar suas abordagens de marketing digital, com resultados notáveis em termos de engajamento, conversão e eficiência. Aqui estão alguns exemplos de como grandes marcas estão utilizando a IA para obter sucesso em suas estratégias de marketing.

**1. Netflix

Uso de IA: Personalização de Conteúdo e Recomendação

Como Funciona:

- **Algoritmos de Recomendação**: Netflix utiliza IA para personalizar recomendações de conteúdo para seus usuários. A plataforma analisa o histórico de visualização e as preferências dos usuários para sugerir filmes e séries que tenham maior probabilidade de interesse para cada indivíduo.

- **Análise de Comportamento**: A IA também monitora o comportamento do usuário em tempo real, ajustando as recomendações conforme novas preferências e hábitos emergem.

Resultados:

- **Aumento da Retenção**: A personalização em tempo real contribui para uma maior retenção de clientes, mantendo os usuários engajados e reduzindo as taxas de cancelamento.

- **Engajamento Aumentado**: As recomendações personalizadas melhoram a experiência do usuário,

236

incentivando uma maior quantidade de visualizações e tempo gasto na plataforma.

**2. Amazon

Uso de IA: Personalização de Ofertas e Logística

Como Funciona:

- **Recomendações de Produtos**: A IA é utilizada para analisar o comportamento de compra e navegação dos clientes para oferecer recomendações de produtos altamente relevantes. Isso inclui sugestões baseadas em compras anteriores e itens visualizados.

- **Otimização de Inventário**: A IA também ajuda a otimizar a logística e a gestão de inventário, prevendo quais produtos serão mais demandados e ajustando os níveis de estoque de acordo.

Resultados:

- **Aumento nas Vendas**: A personalização de ofertas e recomendações contribui para um aumento significativo nas vendas e na receita.

- **Eficiência Operacional**: A otimização do inventário melhora a eficiência operacional e reduz custos associados ao excesso ou falta de estoque.

**3. Coca-Cola

Uso de IA: Criação de Conteúdo e Análise de Sentimento

Como Funciona:

- **Geração de Conteúdo**: Coca-Cola utiliza IA para gerar e testar variações de conteúdo publicitário, analisando quais versões têm melhor desempenho com diferentes públicos-alvo.

- **Análise de Sentimento**: A IA é empregada para monitorar e analisar o sentimento do consumidor em relação à marca nas redes sociais, ajudando a ajustar as campanhas e melhorar a percepção da marca.

Resultados:

- **Melhoria na Criatividade**: A análise de dados e a geração de conteúdo com IA permitem que Coca-Cola crie campanhas mais criativas e eficazes.

238

- **Ajuste Rápido de Estratégias**: A análise de sentimento ajuda a identificar rapidamente problemas ou oportunidades, permitindo ajustes rápidos nas campanhas.

**4. Sephora

Uso de IA: Experiência de Compra Personalizada e Assistência Virtual

Como Funciona:

- **Assistente Virtual**: Sephora usa um assistente virtual chamado Sephora Virtual Artist, que utiliza IA para ajudar os clientes a experimentar virtualmente produtos de maquiagem. Os usuários podem ver como os produtos ficariam em seus rostos antes de comprar.

- **Personalização de Ofertas**: A IA também é utilizada para personalizar ofertas e recomendações com base nas preferências e histórico de compras dos clientes.

Resultados:

- **Aumento da Conversão**: A experiência de compra personalizada e a assistência virtual aumentam a

239

confiança dos clientes na compra, resultando em taxas de conversão mais altas.

- **Satisfação do Cliente**: A capacidade de experimentar produtos virtualmente melhora a satisfação do cliente e reduz as devoluções.

**5. H&M

Uso de IA: Otimização de Campanhas Publicitárias e Personalização de Ofertas

Como Funciona:

- **Análise de Dados de Campanhas**: H&M utiliza IA para analisar o desempenho de campanhas publicitárias em tempo real e ajustar estratégias conforme necessário. Isso inclui otimização de lances e segmentação de anúncios.

- **Recomendações Personalizadas**: A IA também ajuda a personalizar ofertas e recomendações de produtos com base nas preferências e comportamentos de compra dos clientes.

Resultados:

- **Melhoria no ROI de Publicidade**: A otimização em tempo real das campanhas publicitárias resulta em um melhor retorno sobre o investimento (ROI).

- **Experiência de Compras Personalizada**: A personalização de ofertas melhora a experiência do cliente e aumenta a probabilidade de compras repetidas.

Esses exemplos demonstram como grandes marcas estão utilizando a IA para transformar suas estratégias de marketing digital. Desde a personalização de conteúdo e recomendações até a otimização de campanhas e gestão de inventário, a IA oferece uma ampla gama de benefícios que ajudam as empresas a melhorar a eficiência, aumentar as vendas e melhorar a experiência do cliente. O sucesso dessas marcas destaca a importância de adotar a IA como uma ferramenta estratégica no marketing digital.

7.1.2 Resultados Tangíveis: Análise de ROI em Campanhas com IA

A implementação de inteligência artificial (IA) nas campanhas de marketing digital tem o potencial de gerar resultados tangíveis e significativos. Um dos principais benefícios da IA é a capacidade de medir e otimizar o Retorno sobre Investimento (ROI) de campanhas de marketing. Nesta seção, exploraremos como a IA contribui para a análise de ROI, fornecendo exemplos e métricas que demonstram os resultados concretos alcançados por empresas que adotaram essa tecnologia.

1. A Importância da Análise de ROI em Campanhas de Marketing com IA

A análise de ROI é fundamental para avaliar a eficácia de campanhas de marketing e garantir que os recursos sejam alocados de maneira eficiente. A IA permite uma análise mais precisa e detalhada, ajudando as empresas a entender quais estratégias são mais eficazes e onde os ajustes são necessários.

- **Medição de Desempenho**: A IA pode monitorar e analisar o desempenho de campanhas em tempo real,

242

fornecendo insights sobre quais canais, segmentos de público e tipos de conteúdo estão gerando os melhores resultados.

- **Otimização de Recursos**: Com a análise de ROI, as empresas podem otimizar a alocação de recursos, ajustando campanhas e estratégias para maximizar o retorno sobre o investimento.

2. Exemplos de Resultados Tangíveis com IA

**1. Coca-Cola

Campanha: Coca-Cola utilizou IA para otimizar campanhas publicitárias e criar conteúdo relevante para diferentes segmentos de público.

Resultados:

- **Aumento de 20% na Taxa de Conversão**: A análise em tempo real e a personalização de conteúdo ajudaram a aumentar a taxa de conversão das campanhas publicitárias em 20%.

- **Redução de 15% no Custo por Aquisição (CPA)**: A otimização das campanhas resultou em uma redução

243

significativa no CPA, diminuindo o custo total para adquirir novos clientes.

**2. Nike

Campanha: Nike implementou IA para personalizar ofertas e recomendações de produtos para seus clientes.

Resultados:

- **Aumento de 30% nas Vendas Online**: A personalização impulsionada pela IA levou a um aumento de 30% nas vendas online, com clientes respondendo positivamente às recomendações de produtos personalizadas.

- **Melhoria de 25% na Experiência do Cliente**: A personalização também melhorou a experiência do cliente, com uma redução nas taxas de abandono de carrinho e um aumento na satisfação do cliente.

**3. Sephora

Campanha: Sephora usou IA para oferecer uma experiência de compra personalizada através de assistentes virtuais e recomendações de produtos.

244

Resultados:

- **Aumento de 15% na Taxa de Conversão em Loja**: A integração da IA nas lojas físicas ajudou a aumentar a taxa de conversão, com clientes comprando mais produtos após experimentar virtualmente.

- **Redução de 20% no Tempo de Atendimento**: A implementação de assistentes virtuais resultou em uma redução de 20% no tempo de atendimento, melhorando a eficiência e a satisfação do cliente.

**4. Amazon

Campanha: Amazon utilizou IA para otimizar as campanhas de marketing digital e personalizar as recomendações de produtos.

Resultados:

- **Aumento de 25% no ROI de Publicidade**: A análise de dados e a otimização em tempo real das campanhas levaram a um aumento de 25% no ROI de publicidade.

- **Redução de 10% no Custo de Aquisição de Clientes (CAC)**: A personalização e a segmentação precisas ajudaram a reduzir o CAC, tornando a aquisição de novos clientes mais eficiente e econômica.

3. Métricas de ROI e Análise

Para avaliar o ROI de campanhas de marketing com IA, as empresas geralmente analisam as seguintes métricas:

- **Custo por Aquisição (CPA)**: Mede o custo total para adquirir um novo cliente. A IA pode ajudar a reduzir o CPA ao otimizar campanhas e segmentar melhor o público.

- **Retorno sobre Investimento (ROI)**: Calcula o retorno financeiro obtido em relação ao custo da campanha. A IA ajuda a aumentar o ROI ao melhorar a eficácia das campanhas e reduzir custos.

- **Taxa de Conversão**: A porcentagem de leads ou visitantes que se tornam clientes. A IA melhora a taxa de conversão por meio de personalização e otimização de campanhas.

- **Custo por Clique (CPC)** e **Custo por Impressão (CPM)**: Métricas importantes para avaliar o custo de

246

publicidade digital. A IA pode ajudar a otimizar esses custos ao ajustar lances e segmentação.

4. Benefícios da IA na Análise de ROI

- **Precisão e Detalhamento**: A IA fornece análises detalhadas e precisas sobre o desempenho das campanhas, permitindo uma compreensão mais profunda do impacto das estratégias de marketing.

- **Otimização em Tempo Real**: A capacidade de ajustar campanhas em tempo real com base em dados e insights da IA permite uma otimização contínua e melhora do ROI.

- **Previsão e Planejamento**: A IA pode prever o desempenho futuro com base em dados históricos, ajudando as empresas a planejar e alocar recursos de maneira mais eficiente.

A análise de ROI em campanhas de marketing com IA oferece resultados tangíveis e mensuráveis, demonstrando a eficácia da tecnologia na otimização e personalização das estratégias de

247

marketing. Com exemplos de sucesso de grandes marcas, é evidente que a IA não só melhora a eficiência das campanhas, mas também proporciona um retorno significativo sobre o investimento. Ao adotar ferramentas de IA, as empresas podem maximizar seus resultados, reduzir custos e melhorar a experiência do cliente.

7.2 IA e o Futuro do Marketing Digital

7.2.1 Tendências Futuras em IA para Marketing

A inteligência artificial (IA) está moldando o futuro do marketing digital, e as tendências emergentes prometem transformar ainda mais a maneira como as empresas se conectam com seus clientes e otimizam suas estratégias. Nesta seção, exploraremos as tendências futuras em IA para marketing, destacando inovações e desenvolvimentos que moldarão o cenário do marketing digital nos próximos anos.

1. Automação Avançada de Marketing

A Revolução da IA no Marketing Digital

Descrição: A automação de marketing continuará a evoluir com o avanço da IA. Ferramentas de automação mais sofisticadas serão capazes de lidar com uma gama mais ampla de tarefas, desde a criação de conteúdo até a segmentação e o envio de campanhas personalizadas.

Tendências:

- **Automação Multicanal**: A capacidade de coordenar e automatizar campanhas em vários canais (e-mail, redes sociais, SMS, etc.) será aprimorada, oferecendo uma experiência de marketing mais coesa e integrada.

- **Criação de Conteúdo Automatizada**: A IA irá gerar conteúdo de forma mais avançada, adaptando-o às preferências individuais dos usuários e às tendências emergentes em tempo real.

**2. Personalização de Experiência do Cliente em Tempo Real

Descrição: A personalização em tempo real será um dos maiores avanços no marketing digital, com a IA permitindo que as empresas ofereçam experiências altamente personalizadas com base em dados e comportamentos atuais dos usuários.

Tendências:

- **Recomendações Contextuais**: A IA fornecerá recomendações de produtos e conteúdos com base no contexto atual do usuário, como localização, hora do dia e comportamento recente.

- **Chatbots e Assistentes Virtuais**: Esses serão cada vez mais inteligentes e capazes de oferecer interações altamente personalizadas e contextualizadas.

**3. Análise Preditiva e Insights Avançados

Descrição: A análise preditiva se tornará mais precisa e detalhada, ajudando as empresas a prever comportamentos futuros dos clientes e tendências de mercado com base em dados históricos e em tempo real.

Tendências:

- **Modelos Preditivos Avançados**: A IA permitirá a criação de modelos mais sofisticados para prever padrões de compra, comportamento do consumidor e eficácia das campanhas.

- **Insights Dinâmicos**: Insights em tempo real ajudarão as empresas a ajustar suas estratégias rapidamente para se adaptar às mudanças no mercado e no comportamento dos consumidores.

**4. Integração com Tecnologias Emergentes

Descrição: A IA será cada vez mais integrada com outras tecnologias emergentes, como realidade aumentada (AR), realidade virtual (VR) e blockchain, para criar novas oportunidades e experiências de marketing.

Tendências:

- **Realidade Aumentada e Virtual**: A combinação de IA com AR e VR permitirá experiências imersivas e interativas para os consumidores, como provas virtuais de produtos e eventos interativos.

- **Blockchain e IA**: A integração com blockchain ajudará a melhorar a transparência e a segurança dos dados, enquanto a IA otimiza a gestão e análise desses dados.

251

5. Marketing Baseado em Valores e Ética

Descrição: O foco em valores e ética será uma tendência crescente, com a IA ajudando as marcas a se alinharem com os valores de seus clientes e a manter a transparência.

Tendências:

- **Análise de Sentimento e Valores**: A IA ajudará as marcas a entender melhor os valores e as preocupações dos consumidores, ajustando suas mensagens e campanhas para alinhar-se com essas expectativas.

- **Marketing Transparente e Ético**: A pressão por práticas de marketing transparentes e éticas aumentará, e a IA desempenhará um papel na garantia da conformidade com normas e regulamentos.

6. Interações Humanizadas com IA

Descrição: A humanização das interações será um foco crescente, com a IA sendo desenvolvida para oferecer experiências mais naturais e empáticas.

Tendências:

- **Processamento de Linguagem Natural (NLP)**: Avanços no NLP permitirão que a IA entenda e responda a nuances emocionais e contextuais na comunicação com os consumidores.

- **Interações Empáticas**: A IA será capaz de simular respostas emocionais e empáticas, tornando as interações mais humanas e envolventes.

**7. IA e o Futuro da Privacidade de Dados

Descrição: À medida que a coleta e o uso de dados se tornam mais complexos, a IA ajudará a enfrentar os desafios relacionados à privacidade e à proteção de dados.

Tendências:

- **Gerenciamento de Consentimento**: A IA ajudará a gerenciar e garantir o consentimento dos usuários para o uso de seus dados, garantindo conformidade com regulamentações como o GDPR e a CCPA.

- **Segurança de Dados**: A IA será utilizada para identificar e mitigar ameaças à segurança de dados,

253

protegendo as informações dos consumidores contra violações e abusos.

As tendências futuras em IA para marketing digital prometem transformar a forma como as empresas interagem com seus clientes e otimizam suas estratégias. Desde a automação avançada e a personalização em tempo real até a integração com tecnologias emergentes e o foco em valores e ética, a IA continuará a moldar o futuro do marketing digital de maneiras inovadoras e impactantes. Empresas que adotarem essas tendências estarão bem posicionadas para aproveitar os benefícios da IA e se destacar em um mercado cada vez mais competitivo.

7.2.2 A Ética da IA no Marketing Digital

A aplicação da inteligência artificial (IA) no marketing digital levanta importantes questões éticas que precisam ser abordadas para garantir que a tecnologia seja utilizada de forma responsável e transparente. A ética da IA no marketing digital não apenas envolve a forma como os dados dos consumidores são coletados e utilizados, mas também como as decisões automatizadas afetam os indivíduos e a sociedade em geral. Nesta seção, exploraremos os principais aspectos éticos relacionados ao uso da IA no marketing digital e as melhores práticas para abordar essas questões.

1. Privacidade e Proteção de Dados

Descrição: A coleta e o uso de dados pessoais são fundamentais para o marketing digital baseado em IA. No entanto, é crucial garantir que esses dados sejam geridos de forma ética, respeitando a privacidade dos consumidores.

Questões Éticas:

- **Consentimento**: Os consumidores devem ser informados e dar consentimento claro para a coleta e o uso de seus dados pessoais. As práticas de consentimento devem ser transparentes e compreensíveis.

- **Segurança dos Dados**: Medidas rigorosas devem ser adotadas para proteger os dados dos consumidores

255

contra vazamentos e acessos não autorizados. O armazenamento e o processamento dos dados devem seguir os regulamentos de proteção de dados, como o GDPR na Europa e a CCPA na Califórnia.

Melhores Práticas:

- **Políticas de Privacidade Claras**: Forneça informações claras sobre como os dados são coletados, usados e protegidos. Atualize regularmente as políticas de privacidade para refletir mudanças nas práticas e regulamentos.

- **Ferramentas de Controle de Dados**: Ofereça aos consumidores ferramentas para visualizar, acessar e controlar suas informações pessoais, como a capacidade de revisar e excluir dados.

2. Transparência e Explicabilidade

Descrição: A transparência e a explicabilidade referem-se à clareza sobre como os algoritmos de IA tomam decisões e afetam os usuários.

Questões Éticas:

256

- **Algoritmos Opacos**: Quando os algoritmos são complexos e difíceis de entender, pode ser desafiador para os consumidores e reguladores compreender como as decisões são tomadas.

- **Justiça e Viés**: Os algoritmos de IA podem reproduzir ou amplificar preconceitos presentes nos dados de treinamento, resultando em decisões injustas ou discriminatórias.

Melhores Práticas:

- **Explicação dos Algoritmos**: Sempre que possível, forneça explicações sobre como os algoritmos funcionam e como as decisões são tomadas. Isso pode incluir relatórios de impacto e documentação técnica acessível.

- **Auditoria de Algoritmos**: Realize auditorias regulares para identificar e mitigar viés nos algoritmos. Assegure-se de que os algoritmos sejam projetados para promover a justiça e a igualdade.

3. Manipulação e Influência

Descrição: A IA pode ser usada para influenciar e manipular comportamentos dos consumidores de formas sutis e poderosas.

Questões Éticas:

- **Manipulação**: O uso de IA para criar campanhas que exploram vulnerabilidades psicológicas ou manipula os consumidores para tomar decisões que não são do seu interesse.

- **Transparência em Publicidade**: A falta de clareza sobre quando o conteúdo é patrocinado ou promovido pode enganar os consumidores.

Melhores Práticas:

- **Publicidade Transparente**: Identifique claramente quando o conteúdo é patrocinado ou promocional. Use práticas de marketing que não exploram vulnerabilidades psicológicas ou emocionais dos consumidores.

- **Direitos dos Consumidores**: Respeite a autonomia dos consumidores e evite práticas de marketing que possam ser consideradas manipulativas ou enganosas.

4. Impacto Social e Econômico

258

Descrição: A IA no marketing digital pode ter impactos significativos na sociedade e na economia, afetando desde o mercado de trabalho até a igualdade social.

Questões Éticas:

- **Desigualdade de Acesso**: A automação e o uso de IA podem aumentar a desigualdade entre empresas grandes e pequenas, e entre consumidores com diferentes níveis de acesso à tecnologia.

- **Impacto no Emprego**: A automação pode levar à substituição de empregos humanos por sistemas automatizados, afetando negativamente a força de trabalho.

Melhores Práticas:

- **Responsabilidade Social**: As empresas devem considerar o impacto social de suas práticas de marketing e buscar maneiras de promover a inclusão e a igualdade.

- **Educação e Treinamento**: Invista em programas de requalificação e treinamento para ajudar os funcionários

259

a se adaptarem às mudanças tecnológicas e manter a empregabilidade.

5. Conformidade Regulatória

Descrição: As leis e regulamentos sobre o uso de IA e dados pessoais estão em constante evolução. A conformidade regulatória é essencial para garantir práticas éticas.

Questões Éticas:

- **Atualização de Regulamentações**: A legislação sobre privacidade e uso de IA pode mudar rapidamente, e as empresas precisam se adaptar às novas regras.

- **Regulamentação Internacional**: As empresas que operam globalmente devem atender a regulamentações diversas e às vezes conflitantes em diferentes países.

Melhores Práticas:

- **Monitoramento de Regulamentações**: Mantenha-se atualizado sobre as mudanças nas regulamentações e ajuste as práticas de marketing conforme necessário.

- **Consultoria Jurídica**: Consulte especialistas legais para garantir que as práticas de marketing estejam em conformidade com as regulamentações aplicáveis em todas as jurisdições.

A ética da IA no marketing digital é um aspecto crucial que exige atenção contínua e prática responsável. Ao adotar práticas éticas e transparentes, as empresas podem utilizar a IA de forma a promover a confiança dos consumidores e criar um impacto positivo na sociedade. É essencial equilibrar a inovação tecnológica com a responsabilidade social, garantindo que as práticas de marketing sejam justas, transparentes e respeitosas para todos os envolvidos.

Conclusão: O Impacto Transformador da IA no Marketing Digital

Considerações Finais

A inteligência artificial (IA) está transformando o marketing digital de maneiras profundas e inovadoras, redefinindo a forma como as empresas se conectam com seus clientes, otimizam suas estratégias e alcançam seus objetivos de negócio. Ao longo deste livro, exploramos como a IA está moldando o futuro do marketing digital, desde a automação e personalização até a análise de dados e previsões de tendências. À medida que a tecnologia continua a evoluir, o impacto da IA no marketing digital será cada vez mais significativo.

1. Personalização e Experiência do Cliente

A IA está revolucionando a personalização, permitindo que as empresas ofereçam experiências de marketing altamente adaptadas às necessidades e preferências individuais dos consumidores. A capacidade de analisar grandes volumes de dados em tempo real e fornecer recomendações personalizadas melhora a experiência do cliente e aumenta a eficácia das campanhas. As empresas que adotam essas tecnologias podem se beneficiar de uma maior lealdade do cliente, melhor engajamento e taxas de conversão mais altas.

2. Automação e Eficiência Operacional

A automação de processos de marketing por meio de IA permite uma gestão mais eficiente de campanhas, desde o agendamento de publicações até a análise de desempenho. Ferramentas avançadas de automação ajudam a reduzir a carga de trabalho manual, liberando recursos para outras áreas estratégicas. A automação não só melhora a eficiência operacional, mas também garante uma consistência na comunicação com o cliente e uma resposta mais ágil às mudanças no mercado.

3. Análise de Dados e Insights Estratégicos

Com a capacidade de analisar grandes volumes de dados e gerar insights valiosos, a IA capacita as empresas a tomar decisões baseadas em dados e a otimizar suas estratégias de marketing. A análise preditiva e a identificação de padrões emergentes ajudam as empresas a antecipar tendências, melhorar o ROI e ajustar suas campanhas para maximizar o impacto. Esses insights permitem uma abordagem mais estratégica e orientada por dados, fundamental para o sucesso no marketing digital.

4. Ética e Responsabilidade

À medida que a IA se torna uma parte integral do marketing digital, a ética desempenha um papel crucial. A proteção da

263

privacidade dos dados, a transparência na tomada de decisões e a consideração dos impactos sociais são essenciais para garantir que a tecnologia seja utilizada de maneira responsável. Adotar práticas éticas e respeitar regulamentações ajuda a construir confiança com os consumidores e a promover um uso justo e benéfico da IA.

5. Futuro e Inovação

O futuro do marketing digital será moldado por inovações contínuas em IA. A integração com tecnologias emergentes, como realidade aumentada e virtual, e o desenvolvimento de algoritmos mais avançados para personalização e análise preditiva irão expandir as possibilidades do marketing digital. As empresas que se mantiverem à frente dessas tendências e adotarem novas tecnologias com uma abordagem ética estarão melhor posicionadas para liderar no mercado.

Conclusão Final

O impacto transformador da IA no marketing digital é inegável. Com suas capacidades de automação, personalização, análise e inovação, a IA está moldando o futuro do marketing e oferecendo oportunidades sem precedentes para empresas e consumidores. No entanto, é fundamental abordar os desafios éticos e garantir que a tecnologia seja utilizada de maneira responsável. À medida que avançamos, a combinação de inovação tecnológica com uma abordagem ética e centrada no cliente será a chave para o sucesso no marketing digital.

A transformação impulsionada pela IA está apenas começando, e as empresas que adotarem essas tecnologias de forma inteligente e ética estarão bem posicionadas para prosperar em um cenário de marketing em constante evolução.

O Caminho para o Futuro: A Evolução Contínua do Marketing com IA

À medida que avançamos para um futuro cada vez mais digital, a inteligência artificial (IA) se estabelece como uma força revolucionária no marketing. A evolução contínua da IA promete transformar ainda mais o campo do marketing digital, criando novas oportunidades e desafios. Neste capítulo, exploraremos as direções futuras para o marketing com IA, destacando as tendências emergentes, as oportunidades de

265

inovação e as considerações essenciais para um caminho bem-sucedido.

1. Tendências Emergentes

1.1. Inteligência Artificial Autônoma

A IA autônoma, que é capaz de tomar decisões e executar tarefas com mínima intervenção humana, está se tornando uma realidade. Sistemas de IA mais avançados serão capazes de criar e otimizar campanhas de marketing sem supervisão constante, ajustando estratégias em tempo real com base em dados dinâmicos.

1.2. Experiências Imersivas com Realidade Aumentada e Virtual

A integração da IA com realidade aumentada (AR) e realidade virtual (VR) permitirá criar experiências de marketing imersivas e interativas. As empresas poderão oferecer experiências virtuais de produtos e serviços, permitindo aos consumidores interagir com marcas de maneiras novas e envolventes.

1.3. Marketing Conversacional e Assistentes Pessoais

Os assistentes virtuais e chatbots continuarão a evoluir, tornando-se mais sofisticados na compreensão e na interação com os consumidores. A IA permitirá conversas mais naturais e úteis, melhorando o atendimento ao cliente e oferecendo suporte personalizado em tempo real.

2. Oportunidades de Inovação

2.1. Personalização em Escala

A IA possibilitará um nível sem precedentes de personalização, criando experiências de marketing sob medida para cada indivíduo com base em uma análise profunda de dados. Essa personalização em escala permitirá às marcas oferecer conteúdos e ofertas que ressoam profundamente com cada consumidor.

2.2. Análise Avançada de Dados e Insights

Com o avanço da IA, as empresas terão acesso a análises mais sofisticadas e insights mais profundos. A IA será capaz de identificar padrões complexos e prever comportamentos futuros com maior precisão, permitindo que as empresas ajustem suas estratégias de forma mais eficaz e oportuna.

267

2.3. Automação de Processos Criativos

A automação de processos criativos, como a geração de conteúdo e a criação de campanhas publicitárias, será aprimorada pela IA. Ferramentas de criação assistida por IA ajudarão a gerar textos, imagens e vídeos de alta qualidade, reduzindo o tempo e os custos associados ao desenvolvimento de campanhas.

3. Desafios e Considerações

3.1. Ética e Transparência

À medida que a IA se torna mais integrada ao marketing, questões éticas e de transparência serão cada vez mais importantes. As empresas precisarão garantir que suas práticas de coleta e uso de dados sejam transparentes e respeitem a privacidade dos consumidores. Além disso, a IA deve ser utilizada de maneira justa e equitativa, evitando práticas discriminatórias e manipulativas.

3.2. Segurança e Proteção de Dados

A segurança dos dados continuará a ser uma prioridade crucial. À medida que os dados dos consumidores se tornam mais valiosos e amplamente utilizados, as empresas devem adotar medidas robustas para proteger essas informações contra acessos não autorizados e ataques cibernéticos.

3.3. Adaptação à Mudança Tecnológica

O ritmo acelerado da inovação tecnológica exigirá que as empresas se adaptem rapidamente às novas ferramentas e tendências. Investir em treinamento e desenvolvimento contínuo para equipes de marketing será essencial para acompanhar as mudanças e aproveitar as oportunidades oferecidas pela IA.

4. Caminho para o Futuro

4.1. Integração de Tecnologias

O futuro do marketing digital será caracterizado pela integração de várias tecnologias emergentes. A combinação de IA com outras inovações, como blockchain e Internet das Coisas (IoT), criará novas oportunidades para personalização, automação e análise de dados.

4.2. Foco na Experiência do Cliente

O foco continuará a ser a criação de experiências excepcionais para os clientes. A IA permitirá que as empresas ofereçam um

269

atendimento mais personalizado e relevante, respondendo de forma proativa às necessidades e expectativas dos consumidores.

4.3. Responsabilidade Social e Sustentabilidade

As empresas também precisarão considerar o impacto social e ambiental de suas práticas de marketing. A adoção responsável da IA, alinhada com valores de sustentabilidade e responsabilidade social, será fundamental para construir uma marca positiva e confiável.

O caminho para o futuro do marketing com IA é dinâmico e cheio de possibilidades. À medida que a tecnologia evolui, as empresas que abraçarem a inovação, adotarem práticas éticas e focarem na experiência do cliente estarão bem posicionadas para prosperar. A IA continuará a ser uma ferramenta poderosa para transformar o marketing digital, criando um futuro onde a personalização, a eficiência e a responsabilidade andam de mãos dadas.

Explorar e se adaptar a essas tendências emergentes permitirá que as empresas não apenas se destaquem no mercado, mas também estabeleçam um padrão de excelência e inovação no marketing digital.